聖 經
성 경

筆 寫
필 사

第 二 卷 ㊤

利未記 01-27장

民數記 01-13장

聖經筆寫協會 著: 柳 賢 授

서 문 (序文)

필사와 필기의 개념을 먼저 생각을 하려고 합니다.

필사는 말 그대로 글자 위에 글씨를 따라 그리는 형태를 말하고 필기는 글을 받아 적거나 글을 보고 백지면 위에 글씨를 쓰는 형태를 말합니다.
이 책은 제목처럼 필사입니다.

처음에는 모방을 하는 듯 하지만 시간이 지나면서 인내심도 깊어지고 악필이라고 하는 난필을 교정하고 오랜 시간이 지나면 자신도 모르는 사이에 자신만의 필체를 만들어가며 생활에서 마음 속 깊이 자부심이 심어지고 인내심과 정신력이 깊이 향상되어 가고 있는 것을 깨닫게 될 것입니다.

혼자서 필사를 하려고 하다가 같이 필사를 해야겠다는 생각을 하고 준비를 했습니다.

도서출판 보혜 드림

二卷㊤目次
이 권 목 차

利未記 第一章
리미기 제일장

레 1:1

耶和華從會幕
야화화종회막

呼摩西、
호마서

諭之曰、
유지왈

레 1:2

告以色列族云、
고이색열족운

爾中有人獻祭
이중유인헌제

於耶和華、
어야화화

必獻牲畜、
필헌생축

牛羊是也、
우양시야

레 1:3

如獻牛爲燔祭、
여헌우위번제

當取牡者、
당취모자

純全無疵、
순 전 무 자

獻於會幕門、
헌 어 회 막 문

冀蒙悅納於
기 몽 열 납 어

耶和華、
야 화 화

레 1:4

按手燔牲之首、
안 수 번 생 지 수

則蒙悅納、
칙 몽 열 납

俾罪得贖、
비 죄 득 속

레 1:5

宰牛於耶和華前、
재 우 어 야 화 화 전

亞倫子孫
아 륜 자 손

爲祭司者、
위 제 사 자

必奉其血、
필 봉 기 혈

沃於會幕門前
옥 어 회 막 문 전

壇之四周、
단 지 사 주

레 1:6

剝取燔牲之皮、
박 취 번 생 지 피

臠切其肉、
련 절 기 육

레 1:7

祭司亞倫子孫、
제 사 아 륜 자 손

必置火於壇、
필 치 화 어 단

陳柴其上、
진 시 기 상

레 1:8

所臠切者、
소 련 절 자

與首及脂、
여 수 급 지

亞倫子孫
아 륜 자 손

爲祭司者、
위 제 사 자

陳之於柴、
진 지 어 시

在壇火之上、
재 단 화 지 상

레 1:9

惟臟及腿、
유 장 급 퇴

洗滌以水、
세 척 이 수

祭司悉焚於壇、
제 사 실 분 어 단

以爲燔祭、
이 위 번 제

而作馨香之火祭、
이 작 형 향 지 화 제

奉於耶和華、○
봉 어 야 화 화

레 1:10

如獻綿羊山羊爲燔
여 헌 면 양 산 양 위 번

祭、
제

當取牡者、
당 취 모 자

純全無疵、
순 전 무 자

레 1:11
在壇之北、
재 단 지 북
宰於耶和華前、
재 어 야 화 화 전
亞倫子孫爲祭司者、
아 륜 자 손 위 제 사 자
必以其血沃於壇之四
필 이 기 혈 옥 어 단 지 사
周、
주

레 1:12
臠切其肉、
련 절 기 육
幷首及脂、
병 수 급 지
祭司陳之於柴、
제 사 진 지 어 시
在壇火之上、
재 단 화 지 상

레 1:13
惟臟及腿、
유 장 급 퇴

洗滌以水、
세척이수

祭司悉獻之、
제사실헌지

而焚於壇、
이분어단

是爲燔祭、
시위번제

以爲馨香之火祭、
이위형향지화제

奉於耶和華、○
봉어야화화

레 1:14

如獻禽爲燔祭、
여헌금위번제

以奉耶和華、
이봉야화화

則獻鳲鳩、
칙헌시구

或雛鴿、
혹추합

레 1:15

祭司攜至壇前、
제사휴지단전

扭去其首、
뉴 거 기 수

而焚於壇、
이 분 어 단

瀝血壇旁、
력 혈 단 방

레 1:16

必去其膆及矢、
필 거 기 소 급 시

擲於壇東棄灰之處、
척 어 단 동 기 회 지 처

레 1:17

裂其翼而弗盡、
렬 기 익 이 불 진

陳之於柴、
진 지 어 시

焚之於壇、
분 지 어 단

是爲燔祭、
시 위 번 제

以爲馨香之火祭、
이 위 형 향 지 화 제

奉於耶和華、
봉 어 야 화 화

利未記 第二章
리 미 기 제 이 장

레 2:1

人奉素祭於耶和華、
인 봉 소 제 어 야 화 화

必獻細麪、
필 헌 세 면

傾油其上、
경 유 기 상

加以乳香、
가 이 유 향

레 2:2

擕至亞倫子孫爲祭司
휴 지 아 륜 자 손 위 제 사

者、
자

取其油面一撮、
취 기 유 면 일 촬

及所有之乳香、
급 소 유 지 유 향

焚之於壇、
분 지 어 단

以爲記誌、
이 위 기 지

是爲馨香之火祭、
시 위 형 향 지 화 제

奉於耶和華、
봉 어 야 화 화

레 2:3

素祭之餘、
소 제 지 여

當歸亞倫、
당 귀 아 륜

及其子孫、
급 기 자 손

獻耶和華之
헌 야 화 화 지

火祭中、
화 제 중

此爲至聖之品、○
차 위 지 성 지 품

레 2:4

如奉爐烤之素祭、
여 봉 로 고 지 소 제

必取和油之
필 취 화 유 지

細麪餠、
세 면 병

或抹油之薄餠、
혹 말 유 지 박 병

俱無酵、
구 무 효

레 2:5

如奉釜烤之素祭、
여 봉 부 고 지 소 제

必取和油無酵
필 취 화 유 무 효

之細麪、
지 세 면

레 2:6

分之爲塊、
분 지 위 괴

傾油其上、
경 유 기 상

是爲素祭、
시 위 소 제

레 2:7

如奉釜煎之素祭、
여 봉 부 전 지 소 제

必以細麪
필 이 세 면

與油制之、
여 유 제 지

레 2:8

當以所制之素祭、
당 이 소 제 지 소 제

攜至耶和華所、
휴 지 야 화 화 소

奉諸祭司、
봉 제 제 사

祭司攜至壇前、
제 사 휴 지 단 전

레 2:9

於素祭中、
어 소 제 중

祭司當有所取、
제 사 당 유 소 취

以爲記誌、
이 위 기 지

焚之於壇、
분 지 어 단

是爲馨香之火祭、
시 위 형 향 지 화 제

奉於耶和華、
봉 어 야 화 화

레 2:10

素祭之餘、
소 제 지 여

當歸亞倫、
당 귀 아 륜

及其子孫、
급 기 자 손

獻耶和華之
헌 야 화 화 지

火祭中、
화 제 중

此爲至聖之品、
차 위 지 성 지 품

레 2:11

凡獻耶和華
범 헌 야 화 화

之素祭、
지 소 제

皆弗置酵、
개 불 치 효

凡酵與蜜、
범 효 여 밀

毋焚爲火祭、
무 분 위 화 제

以奉耶和華、
이 봉 야 화 화

레 2:12

獻於耶和華爲初
헌 어 야 화 화 위 초

熟之品則可、
숙 지 품 칙 가

惟焚於壇爲馨香、
유 분 어 단 위 형 향

則不可、
칙 불 가

레 2:13

凡所獻之素祭、
범 소 헌 지 소 제

必鹽以鹽、
필 염 이 염

祆上帝與爾立
천 상 제 여 이 립

約之鹽、
약 지 염

於爾素祭中、
어 이 소 제 중

不可缺之、
불 가 결 지

爾之諸祭、
이 지 제 제

必以鹽獻、
필 이 염 헌

레 2:14
如獻初熟之品
여 헌 초 숙 지 품
於耶和華、
어 야 화 화
以爲素祭、
이 위 소 제
必奉火烘之麥穗、
필 봉 화 홍 지 맥 수
旣擣之新穀、
기 도 지 신 곡

레 2:15
傾油其上、
경 유 기 상
加以乳香、
가 이 유 향
是爲素祭、
시 위 소 제

레 2:16
祭司當由
제 사 당 유
所擣之穀、
소 도 지 곡
與油、
여 유

取其少許、
취기소허

及所有之乳香、
급소유지유향

焚之以爲記誌、
분지이위기지

是爲火祭、
시위화제

奉於耶和華、
봉어야화화

利未記 第三章
리미기 제삼장

레 3:1

人獻酬恩之祭、
인헌수은지제

如其用牛、
여기용우

或牡或牝、
혹모혹빈

必純全無疵、
필순전무자

奉於耶和華前、
봉어야화화전

레 3:2

按手其首、
안 수 기 수

宰於會幕門、
재 어 회 막 문

亞倫子孫爲
아 륜 자 손 위

祭司者、
제 사 자

必以其血沃
필 이 기 혈 옥

於壇之四周、
어 단 지 사 주

레 3:3

由酬恩之祭、
유 수 은 지 제

獻火祭於耶和華、
헌 화 제 어 야 화 화

卽蓋臟及腸間
즉 개 장 급 장 간

之脂、
지 지

레 3:4

腰間二腎與其脂、
요 간 이 신 여 기 지

及肝網、
급 간 망

宜悉取之、
의 실 취 지

레 3:5

亞倫子孫陳之
아 륜 자 손 진 지

於柴、
어 시

在燔祭之上、
재 번 제 지 상

併焚於壇、
병 분 어 단

是爲馨香之火祭、
시 위 형 향 지 화 제

奉於耶和華、 ○
봉 어 야 화 화

레 3:6

如獻羊爲酬恩
여 헌 양 위 수 은

之祭、
지 제

或牡或牝、
혹 모 혹 빈

必純全無疵、
필순전무자

奉於耶和華、
봉어야화화

레 3:7

或獻羔羊、
혹헌고양

必攜至耶和華前、
필휴지야화화전

레 3:8

按手其首、
안수기수

宰於會幕前、
재어회막전

亞倫子孫、
아륜자손

必以其血沃於
필이기혈옥어

壇之四周、
단지사주

레 3:9

由酬恩之祭、
유수은지제

獻火祭於耶和華、
헌화제어야화화

卽其脂與全尾、
즉 기 지 여 전 미

尾必依尻而斷、
미 필 의 고 이 단

及蓋臟與
급 개 장 여

腸間之脂、
장 간 지 지

레 3:10

腰間二腎與其脂、
요 간 이 신 여 기 지

及肝網、
급 간 망

宜悉取之、
의 실 취 지

레 3:11

祭司焚之於壇、
제 사 분 지 어 단

是爲火祭之食、
시 위 화 제 지 식

奉於耶和華、○
봉 어 야 화 화

레 3:12

如獻山羊、
여 헌 산 양

奉於耶和華前、
봉 어 야 화 화 전

레 3:13

必按手其首、
필 안 수 기 수

宰於會幕前、
재 어 회 막 전

亞倫子孫、
아 륜 자 손

必以其血沃
필 이 기 혈 옥

於壇之四周、
어 단 지 사 주

레 3:14

其中當獻於
기 중 당 헌 어

耶和華之火祭、
야 화 화 지 화 제

卽蓋臟及
즉 개 장 급

腸間之脂、
장 간 지 지

레 3:15

腰間二腎與其脂、
요 간 이 신 여 기 지

及肝網、
급 간 망

宜悉取之、
의 실 취 지

레 3:16

祭司焚之於壇、
제 사 분 지 어 단

是爲馨香
시 위 형 향

火祭之食、
화 제 지 식

奉於耶和華、
봉 어 야 화 화

所有之脂、
소 유 지 지

咸歸耶和華、
함 귀 야 화 화

레 3:17

於爾所居之處、
어 이 소 거 지 처

凡脂與血、
범 지 여 혈

均勿食之、
균 물 식 지

著爲永例、
저 위 영 례

歷世勿替、
력 세 물 체

利未記 第四章
리 미 기 제 사 장

레 4:1

耶和華諭摩西曰、
야 화 화 유 마 서 왈

레 4:2

告以色列族云、
고 이 색 열 족 운

如有人誤乾
여 유 인 오 건

耶和華之命、
야 화 화 지 명

爲所不當爲、
위 소 불 당 위

레 4:3

如受膏之
여 수 고 지

祭司干罪、
제 사 간 죄

貽害於民、
이 해 어 민

則必緣其
칙 필 연 기

所犯之罪、
소 범 지 죄

取純全之牡犢、
취 순 전 지 모 독

獻於耶和華、
헌 어 야 화 화

爲贖罪之祭、
위 속 죄 지 제

레 4:4

牽犢至會幕門、
견 독 지 회 막 문

按手其首、
안 수 기 수

宰於耶和華前、
재 어 야 화 화 전

레 4:5

受膏之祭司、
수 고 지 제 사

當取犢血入會幕、
당 취 독 혈 입 회 막

레 4:6

染指其中、
염 지 기 중

在耶和華前、
재 야 화 화 전

對聖所之幔
대 성 소 지

而灑者七、
이 쇄 자 칠

레 4:7

復取血少許、
복 취 혈 소 허

釁於會幕內耶和華
흔 어 회 막 내 야 화 화

前香壇之角、
전 향 단 지 각

傾餘血於會幕門
경 여 혈 어 회 막 문

祭壇之基、
제 단 지 기

레 4:8

取贖罪犢之脂、
취 속 죄 독 지 지

卽蓋臟及
즉 개 장 급

腸間之脂、
장 간 지 지

레 4:9

腰間二腎與其脂、
요간이신여기지

及肝網、
급간망

宜悉取之、
의실취지

레 4:10

如獻牛爲
여헌우위

酬恩之祭、
수은지제

而取其脂然、
이취기지연

祭司焚之於壇、
제사분지어단

레 4:11

犢之皮肉首腿、
독지피육수퇴

與臟及矢、
여장급시

레 4:12

全體攜出營外、
전체휴출영외

至潔淸之地、
지결청지지

棄灰之所、
기 회 지 소

置於柴、
치 어 시

爇以火、
설 이 화

棄灰焚犢、
기 회 분 독

必在一處、○
필 재 일 처

레 4:13

如以色列會衆
여 이 색 열 회 중

誤乾耶和華之命、
오 건 야 화 화 지 명

爲所不當爲、
위 소 불 당 위

以取罪戾、
이 취 죄 려

而不自知、
이 불 자 지

레 4:14

厥罪旣顯、
궐 죄 기 현

會衆必獻牡犢、
회 중 필 헌 모 독

為贖罪之祭、
위 속 죄 지 제

牽至會幕、
견 지 회 막

레 4:15

會之長老、
회 지 장 로

必於耶和華前、
필 어 야 화 화 전

按手其首而宰之、
안 수 기 수 이 재 지

레 4:16

受膏之祭司、
수 고 지 제 사

當取犢血入會幕、
당 취 독 혈 입 회 막

레 4:17

染指其中、
염 지 기 중

在耶和華前、
재 야 화 화 전

對㡘而灑者七、
대 이 쇄 자 칠

레 4:18

復取血少許、
복 취 혈 소 허

釁於會幕內耶和華前
흔 어 회 막 내 야 화 화 전

香壇之角、
향 단 지 각

傾餘血於會幕門
경 여 혈 어 회 막 문

祭壇之基、
제 단 지 기

레 4:19

悉取其脂、
실 취 기 지

焚之於壇、
분 지 어 단

레 4:20

如獻犢爲贖罪之祭
여 헌 독 위 속 죄 지 제

然、
연

如是祭司爲之贖罪、
여 시 제 사 위 지 속 죄

乃蒙赦宥、
내 몽 사 유

레 4:21

攜犢營外、
휴 독 영 외

爇之以火、
설 지 이 화

如前所焚之犢然、
여 전 소 분 지 독 연

此會衆贖罪之祭也、
차 회 중 속 죄 지 제 야

○

레 4:22

如民長誤干其祆上帝
여 민 장 오 간 기 천 상 제

耶和華之命、
야 화 화 지 명

爲所不當爲、
위 소 불 당 위

以取罪戾、
이 취 죄 려

레 4:23

自知其過、
자 지 기 과

必獻牡山羊、
필 헌 모 산 양

純全無疵、
순 전 무 자

레 4:24

按手其首、
안 수 기 수

宰於耶和華前、
재 어 야 화 화 전

在宰燔祭犧牲之處、
재 재 번 제 희 생 지 처

此贖罪之祭也、
차 속 죄 지 제 야

레 4:25

祭司必以指取血、
제 사 필 이 지 취 혈

釁於祭壇之角、
흔 어 제 단 지 각

傾餘血於壇基、
경 여 혈 어 단 기

레 4:26

焚脂於壇、
분 지 어 단

如焚酬恩祭牲之脂
여 분 수 은 제 생 지 지

然、
연

如是祭司爲之贖罪、
여 시 제 사 위 지 속 죄

乃蒙赦宥、○
내 몽 사 유

레 4:27

如有庶民誤干耶和華
여 유 서 민 오 간 야 화 화

之命、
지 명

爲所不當爲、
위 소 불 당 위

以取罪戾、
이 취 죄 려

레 4:28

自知其過、
자 지 기 과

必緣所犯、
필 연 소 범

獻牝山羊、
헌 빈 산 양

純全無疵、
순 전 무 자

爲贖罪之祭、
위 속 죄 지 제

레 4:29

按手其首、
안 수 기 수

宰於燔祭之所、
재 어 번 제 지 소

레 4:30

祭司必以指取血、
제 사 필 이 지 취 혈

釁於祭壇之角、
흔 어 제 단 지 각

傾餘血於壇基、
경 여 혈 어 단 기

레 4:31

悉取其脂、
실 취 기 지

如取酬恩祭牲之脂
여 취 수 은 제 생 지 지

然、
연

祭司焚之於壇、
제 사 분 지 어 단

以爲馨香、
이 위 형 향

奉於耶和華、
봉 어 야 화 화

如是祭司爲之贖罪、
여 시 제 사 위 지 속 죄

乃蒙赦宥、○
내 몽 사 유

레 4:32

如獻綿羊之羔、
여 헌 면 양 지 고

爲贖罪之祭、
위 속 죄 지 제

必取牝者、
필 취 빈 자

純全無疵、
순 전 무 자

레 4:33

按手其首、
안 수 기 수

宰於燔祭之所、
재 어 번 제 지 소

爲贖罪之祭、
위 속 죄 지 제

레 4:34

祭司必以指取血、
제 사 필 이 지 취 혈

釁於祭壇之角、
흔 어 제 단 지 각

傾餘血於壇基、
경 여 혈 어 단 기

레 4:35

悉取其脂、
실 취 기 지

如取酬恩祭牲之脂
여 취 수 은 제 생 지 지

然、
연

祭司焚之於壇、
제 사 분 지 어 단

在耶和華火祭之上、
재 야 화 화 화 제 지 상

如是祭司爲之贖罪、
여 시 제 사 위 지 속 죄

乃蒙赦宥、
내 몽 사 유

利未記 第五章
리 미 기 제 오 장

레 5:1

如人或聞或知其事、
여 인 혹 문 혹 지 기 사

能爲其證、
능 위 기 증

既聞召爲確證、
기 문 소 위 확 증

而不以告、
이 불 이 고

於是有罪、
어 시 유 죄

必任厥咎、
필 임 궐 구

레 5:2

如捫野獸六畜昆蟲不
여 문 야 수 육 축 곤 충 불

潔之屍、
결 지 시

以致自汚、
이 치 자 오

而不自知、
이 불 자 지

則爲有罪、
칙 위 유 죄

레 5:3

如捫人之不潔、
여 문 인 지 불 결

而不自知、
이 불 자 지

無論所汚若何、
무 론 소 오 약 하

迨及知之、
태 급 지 지

則爲有罪、
칙 위 유 죄

레 5:4

如人造次發誓、
여 인 조 차 발 서

行善行惡、
행 선 행 악

而不自知、
이 불 자 지

無論所誓何若、
무 론 소 서 하 약

迨及知之、
태 급 지 지

則爲有罪、
칙 위 유 죄

레 5:5

以上數罪、
이 상 수 죄

若犯其一、
약 범 기 일

則當自認其罪、
칙 당 자 인 기 죄

레 5:6

因其所犯之罪、
인 기 소 범 지 죄

必攜牝羊、
필 휴 비 양

或羔羊或山羊、
혹 고 양 혹 산 양

以爲補過贖罪之祭、
이 위 보 과 속 죄 지 제

獻於耶和華、
헌 어 야 화 화

祭司代爲贖罪、
제 사 대 위 속 죄

레 5:7

如其資財、
여 기 자 재

不足備羔、
불 족 비 고

則必緣其所犯之罪、
칙 필 연 기 소 범 지 죄

攜鳲鳩二、
휴 시 구 이

或雛鴿二、
혹 추 합 이

詣耶和華前、
예 야 화 화 전

一爲贖罪之祭、
일 위 속 죄 지 제

一爲燔祭、
일 위 번 제

레 5:8

攜至祭司、
휴 지 제 사

祭司先獻其一、
제 사 선 헌 기 일

爲贖罪之祭、
위 속 죄 지 제

扭去其首、
뉴 거 기 수

弗剖其體、
불 부 기 체

레 5:9

取血少許、
취 혈 소 허

灑於壇旁、
쇄 어 단 방

瀝餘血於壇基、
력 여 혈 어 단 기

是爲贖罪之祭、
시 위 속 죄 지 제

레 5:10

後復獻其一、
후 복 헌 기 일

以爲燔祭、
이 위 번 제

循其常例、
순 기 상 례

祭司代爲贖罪、
제 사 대 위 속 죄

乃蒙赦宥、
내 몽 사 유

레 5:11

如其資財、
여 기 자 재

不足備鳲鳩、
불 족 비 시 구

或雛鴿、
혹 추 합

則獻細麪伊法十分之
칙 헌 세 면 이 법 십 분 지

一、
일

爲贖罪之祭、
위속죄지제

勿置油、
물치유

勿加乳香、
물가유향

蓋爲贖罪之祭、
개위속죄지제

레 5:12

攜至祭司、
휴지제사

祭司取其一撮、
제사취기일촬

以爲記誌、
이위기지

焚之於壇、
분지어단

在耶和華火祭之上、
재야화화화제지상

是爲贖罪之祭、
시위속죄지제

레 5:13

若犯以上數罪之一、
약 범 이 상 수 죄 지 일

祭司代爲贖罪、
제 사 대 위 속 죄

乃蒙赦宥、
내 몽 사 유

祭物之餘、
제 물 지 여

悉歸祭司、
실 귀 제 사

若素祭然、○
약 소 제 연

레 5:14

耶和華諭摩西曰、
야 화 화 유 마 서 왈

레 5:15

如人於獻耶和華之聖
여 인 어 헌 야 화 화 지 성

物、
물

偶有差失、
우 유 차 실

致獲罪愆、
치 획 죄 건

則必獻補過之祭於耶
직 필 헌 보 과 지 제 어 야

和華、
화 화

卽牡綿羊之一、
즉 모 면 양 지 일

純全無疵、
순 전 무 자

循聖所權衡、
순 성 소 권 형

依爾所估之價、
의 이 소 고 지 가

幾舍客勒、
기 사 객 륵

以補其過、
이 보 기 과

레 5:16

於聖物之差失、
어 성 물 지 차 실

必償所缺、
필 상 소 결

加五分之一、
가 오 분 지 일

擕至祭司、
휴 지 제 사

祭司取羊、
제 사 취 양

代爲贖罪、
대 위 속 죄

乃蒙赦宥、 ○
내 몽 사 유

레 5:17

如人犯罪、
여 인 범 죄

干耶和華之命、
간 야 화 화 지 명

爲所不當爲、
위 소 불 당 위

雖出無意、
수 출 무 의

亦爲有過、
역 위 유 과

必任其咎、
필 임 기 구

레 5:18

必以牡綿羊之一、
필 이 모 면 양 지 일

純全無疵、
순 전 무 자

依爾所估之價、
의이소고지가

攜至祭司、
휴지제사

祭司緣其無知而犯之
제사연기무지이범지

過、
과

代爲贖罪、
대위속죄

乃蒙赦宥、
내몽사유

레 5:19

此乃補過之祭、
차내보과지제

緣其人在耶和華前、
연기인재야화화전

實有罪戾也、
실유죄려야

利未記 第六章
리미기 제륙장

레 6:1

耶和華諭摩西曰、
야화화유마서왈

레 6:2

如人獲罪、
여 인 획 죄

干犯耶和華、
간 범 야 화 화

於受託、
어 수 탁

貿易而欺人、
무 역 이 기 인

或竊物、
혹 절 물

或虐鄰、
혹 학 린

레 6:3

拾人所遺、
습 인 소 유

而誑言發誓、
이 광 언 발 서

於此諸事獲罪、
어 차 제 사 획 죄

레 6:4

旣已獲罪有咎、
기 이 획 죄 유 구

必以所竊取、
필 이 소 절 취

所虐取、
소 학 취

所受託、
소 수 탁

所拾遺、
소 습 유

及所誑言發誓而據之
급 소 광 언 발 서 이 거 지

物、
물

悉反諸人、
실 반 제 인

레 6:5

於罪顯露之日、
어 죄 현 로 지 일

必以原物之值、
필 이 원 물 지 치

加五分之一、
가 오 분 지 일

歸於其主、
귀 어 기 주

레 6:6

且以牡綿羊、
차 이 모 면 양

純全無疵、
순 전 무 자

依爾所估之價、
의 이 소 고 지 가

擕至祭司、
휴 지 제 사

獻於耶和華、
헌 어 야 화 화

爲補過之祭、
위 보 과 지 제

레 6:7

祭司於耶和華前、
제 사 어 야 화 화 전

代爲贖罪、
대 위 속 죄

其人所犯之罪、
기 인 소 범 지 죄

乃蒙赦宥、○
내 몽 사 유

레 6:8

耶和華諭摩西曰、
야 화 화 유 마 서 왈

레 6:9

命亞倫及其子云、
명 아 륜 급 기 자 운

燔祭之例如左、
번제지례여좌

燔祭在壇、
번제재단

焚之以柴、
분지이시

通宵達旦、
통소달단

火必常燃、
화필상연

레6:10

祭司衣枲衣、
제사의시의

亦服枲褌、
역복시곤

以蔽下體、
이폐하체

取燔祭火燼之灰、
취번제화신지회

置於壇側、
치어단측

레6:11

旣而易衣、
기이역의

服其他服、
복 기 타 복

攜灰出營、
휴 회 출 영

至潔淸之地、
지 결 청 지 지

레 6:12

壇火常燃不滅、
단 화 상 연 불 멸

每旦祭司爇柴、
매 단 제 사 설 시

臚陳燔祭於上、
려 진 번 제 어 상

且焚酬恩祭牲之脂、
차 분 수 은 제 생 지 지

레 6:13

火於壇上、
화 어 단 상

常燃不滅、 ○
상 연 불 멸

레 6:14

素祭之例如左、
소 제 지 례 여 좌

亞倫子孫、
아 륜 자 손

必攜至耶和華前、
필휴지야화화전

獻之於壇、
헌지어단

레 6:15

取其細麪一撮、
취기세면일촬

與油、
여유

及所有之乳香、
급소유지유향

焚之於壇、
분지어단

以爲記誌、
이위기지

而作馨香、
이작형향

奉於耶和華、
봉어야화화

레 6:16

素祭之餘、
소제지여

亞倫及其子當食之、
아륜급기자당식지

在聖地會幕場食之、
재 성 지 회 막 장 식 지

炊之毋和以酵、
취 지 무 화 이 효

레 6:17

獻我之火祭中、
헌 아 지 화 제 중

此爲彼之所應得、
차 위 피 지 소 응 득

是爲至聖、
시 위 지 성

如贖罪補過之祭然、
여 속 죄 보 과 지 제 연

레 6:18

凡獻我之火祭、
범 헌 아 지 화 제

亞倫子孫諸丁男、
아 륜 자 손 제 정 남

得而食之、
득 이 식 지

此乃永例、
차 내 영 례

歷世弗替、
력 세 불 체

凡捫斯祭者、
범 문 사 제 자

必成爲聖、○
필 성 위 성

레 6:19

耶和華諭摩西曰、
야 화 화 유 마 서 왈

레 6:20

亞倫受膏之日、
아 륜 수 고 지 일

與其子孫當獻之祭如
여 기 자 손 당 헌 지 제 여

左、
좌

細麪伊法十分之一、
세 면 이 법 십 분 지 일

爲常獻之素祭、
위 상 헌 지 소 제

晨奉其半、
신 봉 기 반

暮奉其半、
모 봉 기 반

레 6:21

和以油、
화 이 유

炊以釜、
취 이 부

厥油旣浸、
궐 유 기 침

擘之獻爲素祭、
벽 지 헌 위 소 제

而作馨香、
이 작 형 향

奉於耶和華、
봉 어 야 화 화

레 6:22

亞倫子孫中、
아 륜 자 손 중

有代亞倫受膏爲祭司
유 대 아 륜 수 고 위 제 사

者、
자

必獻是祭、
필 헌 시 제

焚之務盡、
분 지 무 진

以奉耶和華、
이 봉 야 화 화

此爲永例、
차 위 영 례

레 6:23

凡祭司所獻之素祭、
범 제 사 소 헌 지 소 제

必盡焚、
필 진 분

毋食、○
무 식

레 6:24

耶和華諭摩西曰、
야 화 화 유 마 서 왈

레 6:25

告亞倫及其子云、
고 아 륜 급 기 자 운

贖罪之祭、
속 죄 지 제

其例如左、
기 례 여 좌

於宰燔牲之處、
어 재 번 생 지 처

宰贖罪之牲、
재 속 죄 지 생

在耶和華前、
재 야 화 화 전

是乃至聖、
시 내 지 성

레 6:26

爲罪獻祭之祭司可食
위 죄 헌 제 지 제 사 가 식

之、
지

當在聖地會幕場食
당 재 성 지 회 막 장 식

之、
지

레 6:27

凡捫其肉者、
범 문 기 육 자

必成爲聖、
필 성 위 성

如其血灑人衣、
여 기 혈 쇄 인 의

必澣之於聖地、
필 한 지 어 성 지

레 6:28

烹肉所用瓦器、
팽 육 소 용 와 기

必毁之、
필 훼 지

如用銅器、
여 용 동 기

必磨之、
필 마 지

而滌以水、
이 척 이 수

레 6:29

是肉至聖、
시 육 지 성

惟祭司諸丁男可食、
유 제 사 제 정 남 가 식

레 6:30

凡贖罪祭之牲、
범 속 죄 제 지 생

攜其血入會幕、
휴 기 혈 입 회 막

以贖罪於聖所者、
이 속 죄 어 성 소 자

其肉不得食、
기 육 불 득 식

必焚之以火、
필 분 지 이 화

利未記 第七章
리 미 기 제 칠 장

레 7:1

補過之祭、
보 과 지 제

其例如左、
기 례 여 좌

此祭至聖、
차 제 지 성

레 7:2

於宰燔牲之處、
어 재 번 생 지 처

宰補過之牲、
재 보 과 지 생

祭司必以其血沃於壇
제 사 필 이 기 혈 옥 어 단

之四周、
지 사 주

레 7:3

獻其所有之脂、
헌 기 소 유 지 지

其尾及蓋臟之脂、
기 미 급 개 장 지 지

레 7:4

腰間二腎與其脂、
요 간 이 신 여 기 지

及肝網、
급 간 망

宜悉取之、
의 실 취 지

레 7:5

祭司焚之於壇、
제 사 분 지 어 단

以爲火祭、
이 위 화 제

奉於耶和華、
봉 어 야 화 화

是爲補過之祭、
시 위 보 과 지 제

레 7:6

此物至聖、
차 물 지 성

惟祭司諸丁男可食之、
유 제 사 제 정 남 가 식 지

在聖地食之、
재 성 지 식 지

레 7:7

補過之祭、
보 과 지 제

與贖罪之祭同、
여 속 죄 지 제 동

其例維一、
기 례 유 일

代爲贖罪之祭司、
대 위 속 죄 지 제 사

俱必得之、
구 필 득 지

레 7:8

祭司爲人獻燔祭、
제 사 위 인 헌 번 제

可得其牲之皮、
가 득 기 생 지 피

레 7:9

凡素祭以爐烤、
범 소 제 이 로 고

以釜炊、
이 부 취

以鐺製者、
이 당 제 자

俱歸獻之之祭司、
구 귀 헌 지 지 제 사

레 7:10

凡素祭或和油與否、
범 소 제 혹 화 유 여 부

必歸亞倫子孫、
필 귀 아 륜 자 손

而均分之、○
이 균 분 지

레 7:11

獻耶和華酬恩之祭、
헌 야 화 화 수 은 지 제

其例如左、
기 례 여 좌

레 7:12

如因感謝而獻、
여 인 감 사 이 헌

則以和油無酵之餅、
칙 이 화 유 무 효 지 병

抹油無酵之薄餅、
말 유 무 효 지 박 병

與浸油之細麪餅、
여 침 유 지 세 면 병

隨同犧牲獻之、
수 동 희 생 헌 지

레 7:13

因感謝而獻酬恩祭、
인 감 사 이 헌 수 은 제

亦當同獻有酵之餅、
역 당 동 헌 유 효 지 병

레 7:14

由所獻之餅中、
유 소 헌 지 병 중

各取其一、
각 취 기 일

獻於耶和華爲擧祭、
헌 어 야 화 화 위 거 제

歸於灑酬恩祭牲血之
귀 어 쇄 수 은 제 생 혈 지

祭司、
제 사

레 7:15

因感謝而獻之酬恩祭
인 감 사 이 헌 지 수 은 제

牲、
생

其肉必於是日食之、
기 육 필 어 시 일 식 지

勿留於明日、
물 류 어 명 일

레 7:16

如所獻之祭、
여 소 헌 지 제

或以償願、
혹 이 상 원

或出樂獻、
혹 출 악 헌

必於是日食之、
필 어 시 일 식 지

其餘明日亦可食、
기 여 명 일 역 가 식

레 7:17

祭肉之餘、
제 육 지 여

留至三日、
류 지 삼 일

必爇以火、
필 설 이 화

레 7:18

如於三日而食酬恩祭
여 어 삼 일 이 식 수 은 제

肉、
육

則其祭不見納、
칙 기 제 불 견 납

於獻者亦不得爲祭、
어 헌 자 역 불 득 위 제

乃爲可憎之物、
내 위 가 증 지 물

食之者必任其咎、
식 지 자 필 임 기 구

레 7:19

祭肉爲穢物所觸、
제 육 위 예 물 소 촉

則不得食、
칙 불 득 식

必爇以火、
필 설 이 화

祭肉惟清潔者可食、
제 육 유 청 결 자 가 식

레 7:20

人蒙不潔、
인 몽 불 결

而食歸耶和華之酬恩
이 식 귀 야 화 화 지 수 은

祭肉、
제 육

必絕於民中、
필 절 어 민 중

레 7:21

如人捫不潔、
여 인 문 불 결

或不潔之人、
혹 불 결 지 인

或不潔之獸、
혹 불 결 지 수

或不潔可憎之物、
혹 불 결 가 증 지 물

而食歸耶和華之酬恩
이 식 귀 야 화 화 지 수 은

祭肉、
제 육

必絕於民中、○
필 절 어 민 중

레7:22

耶和華諭摩西曰、
야 화 화 유 마 서 왈

레7:23

告以色列族云、
고 이 색 열 족 운

牛與綿羊山羊、
우 여 면 양 산 양

其脂均勿食、
기 지 균 물 식

레7:24

或自斃、
혹 자 폐

或爲獸所裂之畜、
혹 위 수 소 렬 지 축

其脂可供他需、
기 지 가 공 타 수

惟不可食、
유 불 가 식

레7:25
獻耶和華爲火祭之
헌 야 화 화 위 화 제 지

牲、
생

有食其脂者、
유 식 기 지 자

必絕於民中、
필 절 어 민 중

레7:26
於爾所居之處、
어 이 소 거 지 처

或禽或獸、
혹 금 혹 수

其血均勿食、
기 혈 균 물 식

레7:27
凡食血者、
범 식 혈 자

必絕於民中、
필 절 어 민 중

레7:28

耶和華諭摩西曰、
야 화 화 유 마 서 왈

레 7:29

告以色列族云、
고 이 색 열 족 운

凡獻酬恩之祭於耶和
범 헌 수 은 지 제 어 야 화

華、
화

必由所獻之中、
필 유 소 헌 지 중

取其歸耶和華者而奉
취 기 귀 야 화 화 자 이 봉

之、
지

레 7:30

手奉耶和華之火祭、
수 봉 야 화 화 지 화 제

卽脂與腔、
즉 지 여 강

搖於耶和華前、
요 어 야 화 화 전

以爲搖祭、
이 위 요 제

레 7:31

祭司必焚脂於壇、
제사필분지어단

腔則歸亞倫、
강칙귀아륜

及其子孫、
급기자손

레 7:32

酬恩祭中、
수은제중

以右腿與祭司、
이우퇴여제사

以爲擧祭、
이위거제

레 7:33

亞倫子孫、
아륜자손

獻酬恩祭牲之血與脂
헌수은제생지혈여지

者、
자

必得右腿、
필득우퇴

레 7:34

蓋以色列族所獻酬恩
개이색열족소헌수은

之祭、
지 제

我取所搖之腔、
아 취 소 요 지 강

所舉之腿、
소 거 지 퇴

錫於祭司亞倫、
석 어 제 사 아 륜

及其子孫、
급 기 자 손

著爲永例、○
저 위 영 례

레 7:35

亞倫及其子、
아 륜 급 기 자

受膏立爲祭司、
수 고 립 위 제 사

奉事耶和華時、
봉 사 야 화 화 시

레 7:36

耶和華命以色列族、
야 화 화 명 이 색 열 족

於火祭中、
어 화 제 중

以此賜亞倫、
이 차 사 아 륜

及其子孫、
급 기 자 손

爲其所應得者、
위 기 소 응 득 자

歷世弗替、
력 세 불 체

레 7:37

燔祭、
번 제

素祭、
소 제

贖罪之祭、
속 죄 지 제

補過之祭、
보 과 지 제

區別任職之祭、
구 별 임 직 지 제

酬恩之祭、
수 은 지 제

其例如此、
기 례 여 차

레 7:38

乃耶和華在西乃山所
내 야 화 화 재 서 내 산 소

諭摩西、
유 마 서

於西乃野所命以色列
어 서 내 야 소 명 이 색 열

族獻於耶和華者、
족 헌 어 야 화 화 자

利未記 第八章
리 미 기 제 팔 장

레 8:1

耶和華諭摩西曰、
야 화 화 유 마 서 왈

레 8:2

汝攜亞倫及其子、
여 휴 아 륜 급 기 자

與衣暨膏、
여 의 기 고

並贖罪祭之牡犢一、
병 속 죄 제 지 모 독 일

牡綿羊二、
모 면 양 이

無酵餅一筐、
무 효 병 일 광

레 8:3

集會衆於會幕門、
집 회 중 어 회 막 문

레 8:4

摩西遵耶和華命、
마 서 준 야 화 화 명

會衆集於會幕門、
회 중 집 어 회 막 문

레 8:5

摩西告之曰、
마 서 고 지 왈

今日所行、
금 일 소 행

乃耶和華所命、
내 야 화 화 소 명

레 8:6

遂攜亞倫及其子、
수 휴 아 륜 급 기 자

以水濯之、
이 수 탁 지

레 8:7

以衣衣亞倫、
이 의 의 아 륜

束以帶、
속 이 대

服以長衣、
복 이 장 의

加以聖衣、
가 이 성 의

束以良工所織之紳、
속 이 량 공 소 직 지 신

레 8:8

亦予補服、
역 여 보 복

置烏陵土明於其中、
치 오 릉 토 명 어 기 중

烏陵譯卽光輝土明譯
오 릉 역 즉 광 휘 토 명 역

卽無玷
즉 무 점

레 8:9

以冠冠之、
이 관 관 지

冠前置金牌、
관 전 치 금 패

卽爲聖冕、
즉 위 성 면

遵耶和華所諭摩西之
준 야 화 화 소 유 마 서 지

命、
명

레8:10

摩西取膏釁會幕、
마서취고흔회막

及內所有、
급내소유

區別爲聖、
구별위성

레8:11

以膏灑壇凡七、
이고쇄단범칠

釁壇與器、
흔단여기

盤及其座、
반급기좌

區別爲聖、
구별위성

레8:12

傾膏於亞倫首以膏
경고어아륜수이고

之、
지

區別爲聖、
구별위성

레8:13

遂攜亞倫諸子進前、
수 휴 아 륜 제 자 진 전

衣之以衣、
의 지 이 의

束之以帶、
속 지 이 대

冠之以冠、
관 지 이 관

遵耶和華所諭摩西之
준 야 화 화 소 유 마 서 지

命、
명

레 8:14

摩西又牽贖罪祭之牡
마 서 우 견 속 죄 제 지 모

犢、
독

亞倫與子按手其首、
아 륜 여 자 안 수 기 수

레 8:15

於焉宰之、
어 언 재 지

摩西以指取血、
마 서 이 지 취 혈

釁於壇之四角、
흔 어 단 지 사 각

以潔其壇、
이 결 기 단

傾餘血於壇基、
경 여 혈 어 단 기

爲之贖罪、
위 지 속 죄

區別爲聖、
구 별 위 성

레 8:16

取蓋臟之脂、
취 개 장 지 지

與肝網、
여 간 망

左右腎及其脂、
좌 우 신 급 기 지

焚之於壇、
분 지 어 단

레 8:17

惟犢之身、
유 독 지 신

與其皮肉及矢、
여 기 피 육 급 시

焚於營外、
분어영외

遵耶和華所諭摩西之
준야화화소유마서지

命、
명

레 8:18

奉爲燔祭之牡綿羊、
봉위번제지모면양

亞倫與子按手其首、
아륜여자안수기수

레 8:19

於焉宰之、
어언재지

摩西以其血沃於壇四
마서이기혈옥어단사

周、
주

레 8:20

臠切其肉、
련절기육

所臠切者、
소련절자

與首及脂、
여수급지

爇之以火、
설 지 이 화

레 8:21

以水洗臟與腿、
이 수 세 장 여 퇴

爇其全體於壇、
설 기 전 체 어 단

是爲馨香之燔祭、
시 위 형 향 지 번 제

奉於耶和華爲火祭、
봉 어 야 화 화 위 화 제

遵耶和華所諭摩西之
준 야 화 화 소 유 마 서 지

命、
명

레 8:22

又奉牡綿羊之一、
우 봉 모 면 양 지 일

卽爲區別任職之祭、
즉 위 구 별 임 직 지 제

亞倫與子按手其首、
아 륜 여 자 안 수 기 수

레 8:23

於焉宰之、
어 언 재 지

摩西取血、
마 서 취 혈
釁於亞倫右耳之下
흔 어 아 륜 우 이 지 하
垂、
수
與右手之巨擘、
여 우 수 지 거 벽
右足之將指、
우 족 지 장 지

레 8:24

又攜亞倫之子進前、
우 휴 아 륜 지 자 진 전
以血釁其右耳之下
이 혈 흔 기 우 이 지 하
垂、
수
與右手之巨擘、
여 우 수 지 거 벽
右足之將指、
우 족 지 장 지
沃餘血於壇四周、
옥 여 혈 어 단 사 주

레 8:25

取脂及尾、
취 지 급 미

蓋臟之脂、
개 장 지 지

肝網、
간 망

左右腎與其脂、
좌 우 신 여 기 지

暨右腿、
기 우 퇴

레 8:26

於耶和華前無酵餅筐
어 야 화 화 전 무 효 병 광

中、
중

取無酵餅一、
취 무 효 병 일

和油餅一、
화 유 병 일

薄餅一、
박 병 일

置於脂及右腿上、
치 어 지 급 우 퇴 상

레 8:27

均付諸亞倫及其子之
균부제아륜급기자지

手、
수

搖於耶和華前、
요어야화화전

以爲搖祭、
이위요제

레 8:28

摩西自其手接之、
마서자기수접지

爇於壇、
설어단

在燔祭之上、
재번제지상

是爲任聖職之馨香、
시위임성직지형향

奉於耶和華之火祭、
봉어야화화지화제

레 8:29

復取羊腔、
복취양강

搖於耶和華前、
요어야화화전

以爲搖祭、
이 위 요 제

此於任聖職之祭羊、
차 어 임 성 직 지 제 양

爲摩西所應得、
위 마 서 소 응 득

遵耶和華所諭摩西之
준 야 화 화 소 유 마 서 지

命、
명

레 8:30

復取膏、
복 취 고

及壇上之血、
급 단 상 지 혈

灑於亞倫及其子之身
쇄 어 아 륜 급 기 자 지 신

與衣、
여 의

區別其身與衣爲聖、
구 별 기 신 여 의 위 성

레 8:31

摩西告亞倫及其子
마 서 고 아 륜 급 기 자

曰、
왈

烹祭肉於會幕門、
팽 제 육 어 회 막 문

在彼食之、
재 피 식 지

及區別任職筐中之
급 구 별 임 직 광 중 지

餅、
병

循我所命曰、
순 아 소 명 왈

亞倫及其子當食之、
아 륜 급 기 자 당 식 지

레 8:32

餘肉與餅、
여 육 여 병

爇之以火、
설 지 이 화

레 8:33

行區別任職之禮、
행 구 별 임 직 지 예

共歷七日、
공 력 칠 일

此七日內、
차 칠 일 내

勿出會幕門、
물 출 회 막 문

迨盈其日、
태 영 기 일

레 8:34

今日所爲、
금 일 소 위

乃耶和華所命、
내 야 화 화 소 명

爲汝贖罪、
위 여 속 죄

레 8:35

必居會幕門、
필 거 회 막 문

晝夜無間、
주 야 무 간

歷至七日、
력 지 칠 일

守耶和華所命之役
수 야 화 화 소 명 지 역

事、
사

免爾死亡、
면 이 사 망

我所奉之命如此、
아 소 봉 지 명 여 차

레 8:36

亞倫及其子、
아 륜 급 기 자

悉循耶和華藉摩西所
실 순 야 화 화 자 마 서 소

命之事而行、
명 지 사 이 행

利未記 第九章
리 미 기 제 구 장

레 9:1

屆八日、
계 팔 일

摩西召亞倫及其子、
마 서 소 아 륜 급 기 자

曁以色列長老、
기 이 색 열 장 로

레 9:2

告亞倫曰、
고 아 륜 왈

取牡犢一、
취 모 독 일

爲贖罪之祭、
위 속 죄 지 제

牡綿羊一、
모 면 양 일

爲燔祭、
위 번 제

純全無疵、
순 전 무 자

獻於耶和華、
헌 어 야 화 화

레 9:3

且命以色列人、
차 명 이 색 열 인

取牡山羊一、
취 모 산 양 일

爲贖罪之祭、
위 속 죄 지 제

取一歲之犢一、
취 일 세 지 독 일

羔一、
고 일

純全無疵、
순 전 무 자

以爲燔祭、
이 위 번 제

레 9:4

亦取牡牛一、
역 취 모 우 일

牡綿羊一、
모 면 양 일

爲酬恩之祭、
위 수 은 지 제

獻於耶和華、
헌 어 야 화 화

又取和油之細麪、
우 취 화 유 지 세 면

以爲素祭、
이 위 소 제

蓋今日耶和華必顯見
개 금 일 야 화 화 필 현 견

於爾、
어 이

레 9:5

民攜摩西所命之品、
민 휴 마 서 소 명 지 품

至會幕前、
지 회 막 전

會衆進而立於耶和華
회 중 진 이 립 어 야 화 화

前、
전

레 9:6

摩西曰、
마 서 왈

此乃耶和華所命、
차 내 야 화 화 소 명

爾當行之、
이 당 행 지

致其榮光顯著於爾、
치 기 영 광 현 저 어 이

레 9:7

又告亞倫曰、
우 고 아 륜 왈

當近於壇、
당 근 어 단

獻汝贖罪之祭、
헌 여 속 죄 지 제

及燔祭、
급 번 제

爲爾及民贖罪、
위 이 급 민 속 죄

亦獻民之禮物、
역 헌 민 지 예 물

爲之贖罪、
위 지 속 죄

循耶和華所命、
순 야 화 화 소 명

레 9:8

亞倫遂近於壇、
아 륜 수 근 어 단

宰爲己贖罪之犢、
재 위 기 속 죄 지 독

레 9:9

其子奉血、
기 자 봉 혈

亞倫以指染之、
아 륜 이 지 염 지

釁於壇角、
흔 어 단 각

傾餘血於壇基、
경 여 혈 어 단 기

레 9:10

贖罪祭牲之脂、
속 죄 제 생 지 지

及左右腎、
급 좌 우 신

肝網、
간 망

焚之於壇、
분 지 어 단

遵耶和華所諭摩西之
준 야 화 화 소 유 마 서 지

命、
명

레 9:11

其肉與皮、
기 육 여 피

焚於營外、
분 어 영 외

레 9:12

旣而宰燔祭之牲、
기 이 재 번 제 지 생

其子奉血、
기 자 봉 혈

亞倫沃於壇四周、
아 륜 옥 어 단 사 주

레 9:13

復奉燔祭臠切之肉、
복 봉 번 제 련 절 지 육

及首、
급 수

亞倫焚之於壇、
아 륜 분 지 어 단

레 9:14

洗臟及腿、
세장급퇴

焚之於壇、
분지어단

在燔祭之上、
재번제지상

레 9:15

亞倫奉民之祭品、
아륜봉민지제품

取爲民贖罪之山羊、
취위민속죄지산양

宰之以獻、
재지이헌

爲贖罪祭、
위속죄제

如前之獻犢然、
여전지헌독연

레 9:16

奉牲爲燔祭、
봉생위번제

循例而獻、
순례이헌

레 9:17

晨獻燔祭而外、
신헌번제이외

亦奉素祭、
역 봉 소 제

取其一撮、
취 기 일 촬

焚之於壇、
분 지 어 단

레 9:18

宰牡牛與牡羊、
재 모 우 여 모 양

爲民作酬恩祭、
위 민 작 수 은 제

其子奉血、
기 자 봉 혈

亞倫沃於壇四周、
아 륜 옥 어 단 사 주

레 9:19

取牛羊之脂、
취 우 양 지 지

及羊尾、
급 양 미

蓋臟之脂、
개 장 지 지

左右腎與肝網、
좌 우 신 여 간 망

레 9:20

置脂於腔、
치 지 어 강

焚脂於壇、
분 지 어 단

레 9:21

腔及右腿、
강 급 우 퇴

亞倫搖於耶和華前、
아 륜 요 어 야 화 화 전

以爲搖祭、
이 위 요 제

循摩西所命、
순 마 서 소 명

레 9:22

亞倫擧手祝民、
아 륜 거 수 축 민

獻贖罪祭、
헌 속 죄 제

燔祭、
번 제

酬恩祭旣畢、
수 은 제 기 필

乃下、
내 하

레 9:23

摩西亞倫入會幕、
마서아륜입회막

出而祝民、
출이축민

耶和華之榮光顯見、
야화화지영광현견

爲民目擊、
위민목격

레 9:24

火自耶和華前而出、
화자야화화전이출

焚壇上之燔祭與脂、
분단상지번제여지

民見之、
민견지

懽呼俯伏、
환호부복

利未記 第十章
리미기 제십장

레 10:1

亞倫子拿答亞比戶、
아륜자나답아비호

各取己鼎、
각취기정

置火與香、
지 화 여 향

以獻耶和華、
이 헌 야 화 화

然所獻者、
연 소 헌 자

乃不聖之火、
내 불 성 지 화

非耶和華所命、
비 야 화 화 소 명

레 10:2

火自耶和華前而出、
화 자 야 화 화 전 이 출

焚燬二人、
분 훼 이 인

死於耶和華前、
사 어 야 화 화 전

레 10:3

摩西謂亞倫曰、
마 서 위 아 륜 왈

此乃耶和華所諭云、
차 내 야 화 화 소 유 운

近我者必以我爲聖、
근 아 자 필 이 아 위 성

我在民前、
아 재 민 전

必得其榮、
필 득 기 영

亞倫默然、
아 륜 묵 연

레 10:4

摩西召亞倫叔烏薛子
마 서 소 아 륜 숙 오 설 자

米沙利以利撒反曰、
미 사 리 이 리 살 반 왈

爾曹來前、
이 조 래 전

舁爾親屬、
여 이 친 속

出聖所、
출 성 소

至營外、
지 영 외

레 10:5

二人乃前、
이 인 내 전

舁尸營外、
여 시 영 외

不解其衣、
불 해 기 의

循摩西所命、
순 마 서 소 명

레 10:6

摩西諭亞倫、
마 서 유 아 륜

及其子以利亞撒以他
급 기 자 이 리 아 살 이 타

瑪曰、
마 왈

毋披爾髮、
무 피 이 발

毋裂爾衣、
무 렬 이 의

免爾死亡、
면 이 사 망

並免耶和華怒及會
병 면 야 화 화 노 급 회

衆、
중

惟爾之兄弟以色列全
유 이 지 형 제 이 색 열 전

家、
가

可爲耶和華所燃之火
가 위 야 화 화 소 연 지 화

哀悼、
애 도

레 10:7

爾曹毋出會幕、
이 조 무 출 회 막

免爾死亡、
면 이 사 망

蓋耶和華之膏在爾
개 야 화 화 지 고 재 이

身、
신

乃遵摩西之命而行、
내 준 마 서 지 명 이 행

○

레 10:8

耶和華諭亞倫曰、
야 화 화 유 아 륜 왈

레 10:9

爾與爾子入會幕時、
이 여 이 자 입 회 막 시

淸酒醇醪勿飮、
청 주 순 료 물 음

免爾死亡、
면 이 사 망

此爲永例、
차 위 영 례

歷世弗替、
력 세 불 체

레 10:10

俾爾得以區別聖與不
비 이 득 이 구 별 성 여 불

聖、
성

潔與不潔、
결 여 불 결

레 10:11

且以耶和華所諭摩西
차 이 야 화 화 소 유 마 서

之典章、
지 전 장

訓迪以色列族、○
훈 적 이 색 열 족

레 10:12

摩西諭亞倫、
마 서 유 아 륜

及其尚存之子以利亞
급 기 상 존 지 자 이 리 아

撒以他瑪曰、
살 이 타 마 왈

獻耶和華之火祭中、
헌 야 화 화 지 화 제 중

素祭之餘、
소 제 지 여

乃爲至聖、
내 위 지 성

當食於壇旁、
당 식 어 단 방

毋置酵、
무 치 효

레 10:13

必在聖地食之、
필 재 성 지 식 지

獻耶和華之火祭中、
헌 야 화 화 지 화 제 중

此爲爾及子孫所應
차 위 이 급 자 손 소 응

得、
득

我所奉之命如此、
아 소 봉 지 명 여 차

레 10:14

所搖之腔、
소요지강
所擧之腿、
소거지퇴
爾及子女必在潔地食
이급자녀필재결지식
之、
지
以色列族所獻酬恩之
이색열족소헌수은지
祭、
제
此爲爾及子孫所應
차위이급자손소응
得、
득

레 10:15
人獻脂爲火祭、
인헌지위화제
當與所擧之腿、
당여소거지퇴
所搖之腔同獻、
소요지강동헌
搖於耶和華前、
요어야화화전

以爲搖祭、
이 위 요 제

後則歸爾、
후 칙 귀 이

及爾子孫得之、
급 이 자 손 득 지

著爲永例、
저 위 영 례

循耶和華所命、○
순 야 화 화 소 명

레 10:16

贖罪之山羊、
속 죄 지 산 양

摩西索之、
마 서 색 지

知已燔矣、
지 이 번 의

則怒亞倫二子以利亞
칙 노 아 륜 이 자 이 리 아

撒以他瑪、
살 이 타 마

레 10:17

曰、
왈

贖罪之牲、
속죄지생

旣爲至聖、
기위지성

曷不食之於聖所、
갈불식지어성소

蓋祆上帝賜之於爾、
개천상제사지어이

以任民愆、
이임민건

代爲贖罪於耶和華
대위속죄어야화화

前、
전

레 10:18

其血未入聖所、
기혈미입성소

固當食牲於聖地、
고당식생어성지

循我所命、
순아소명

레 10:19

亞倫對曰、
아륜대왈

今日彼獻贖罪祭與燔
금 일 피 헌 속 죄 제 여 번

祭於耶和華前、
제 어 야 화 화 전

我遭斯事、
아 조 사 사

如食贖罪之牲、
여 식 속 죄 지 생

豈見悅於耶和華乎、
기 견 열 어 야 화 화 호

레 10:20

摩西聞是言而善之、
마 서 문 시 언 이 선 지

利未記 第十一章
리 미 기 제 십 일 장

레 11:1

耶和華諭摩西亞倫
야 화 화 유 마 서 아 륜

曰、
왈

레 11:2

告以色列族云、
고 이 색 열 족 운

地上牲畜、
지 상 생 축

有可食者、
유 가 식 자

레 11:3

凡畜之分蹄支趾反齧
범 축 지 분 제 지 지 반 설

者、
자

可食、
가 식

레 11:4

惟分蹄反齧之畜中、
유 분 제 반 설 지 축 중

有不可食者、
유 불 가 식 자

若駝反齧而不分蹄、
약 타 반 설 이 불 분 제

爾當以爲不潔、
이 당 이 위 불 결

레 11:5

沙番反齧而不分蹄、
사 번 반 설 이 불 분 제

當以爲不潔、
당 이 위 불 결

레 11:6

野兎反芻而不分蹄、
야 토 반 섭 이 불 분 제

當以爲不潔、
당 이 위 불 결

레 11:7

豕雖分蹄支趾、
시 수 분 제 지 지

而不反芻、
이 불 반 섭

當以爲不潔、
당 이 위 불 결

레 11:8

其肉勿食、
기 육 물 식

其屍勿捫、
기 시 물 문

當以爲不潔、○
당 이 위 불 결

레 11:9

水中百族、
수 중 백 족

或在海、
혹 재 해

或在河、
혹 재 하

有翅有鱗者、
유 시 유 린 자

俱可食、
구 가 식

레 11:10

凡在海在河、
범 재 해 재 하

水中動物、
수 중 동 물

無翅無鱗者、
무 시 무 린 자

俱爲可憎、
구 위 가 증

레 11:11

爾必視爲可憎、
이 필 시 위 가 증

毋食其肉、
무 식 기 육

亦視其屍爲可憎、
역 시 기 시 위 가 증

레 11:12

凡水族無翅無鱗者、
범 수 족 무 시 무 린 자

當以爲可憎、○
당 이 위 가 증

레 11:13

羽族中所可憎、
우 족 중 소 가 증

而不可食者、
이 불 가 식 자

卽鷹、
즉 응

鶚、
악

雕、
조

레 11:14

鸇、
전

鷂、
요

與其類、
여 기 류

레 11:15

鴉與其類、
아 여 기 류

레 11:16

鴕鳥、
타 조

夜鷹、
야 응

魚鷹、
어 응

雀鷹、
작 응

與其類、
여 기 류

레 11:17

鸕鶿、
로 자

魚狗、
어 구

鷺鷥、
로 사

레 11:18

角鴟、
각 치

鵜鶘、
제 호

爰居、
원 거

레 11:19

白鶴、
백 학

蒼鷺、
장 로

戴鵀、
대 임

蝙蝠與其類、○
편 복 여 기 류

레11:20

凡有羽翼、
범 유 우 익

以四足而行者、
이 사 족 이 행 자

俱爲可憎、
구 위 가 증

레11:21

惟有四足之羽蟲、
유 유 사 족 지 우 충

有長腿能躍於地者、
유 장 퇴 능 약 어 지 자

可食、
가 식

레11:22

卽蝗蟲、
즉 황 충

阜蟲、
부 충

蛬 蟲、
사 충

蟿 蟲、
계 충

與 其 類、
여 기 류

레11:23
其 餘 羽 蟲、
기 여 우 충

凡 有 四 足 者、
범 유 사 족 자

當 以 爲 可 憎、 ○
당 이 위 가 증

레11:24
此 類 咸 能 汚 爾、
차 류 함 능 오 이

凡 捫 其 屍 尸、
범 문 기 시 시

必 蒙 不 潔、
필 몽 불 결

迨 夕 乃 免、
태 석 내 면

레11:25
負 其 尸 者、
부 기 시 자

必蒙不潔、
필 몽 불 결

當澣其衣、
당 한 기 의

迨夕乃免、
태 석 내 면

레 11:26

牲畜分蹄而不支趾、
생 축 분 제 이 불 지 지

又不反芻者、
우 불 반 섬 자

當以爲不潔、
당 이 위 불 결

凡捫之者、
범 문 지 자

必蒙其汚、
필 몽 기 오

레 11:27

四足之獸、
사 족 지 수

行地用蹯者、
행 지 용 번 자

當以爲不潔、
당 이 위 불 결

凡捫其尸、
범 문 기 시

必蒙厥汚、
필 몽 궐 오

迨夕乃免、
태 석 내 면

레 11:28

其尸不潔、
기 시 불 결

負之者必蒙厥汚、
부 지 자 필 몽 궐 오

當瀚其衣、
당 한 기 의

迨夕乃免、○
태 석 내 면

레 11:29

凡物匍匐於地、
범 물 포 복 어 지

當以爲不潔者、
당 이 위 불 결 자

卽鼬鼠、
즉 유 서

鼫鼠、
석 서

蜥 蜴、
석 척

與 其 類、
여 기 류

레 11:30

蛤 蚧、
합 개

龍 子、
룡 자

守 宮、
수 궁

蛇 醫、
사 의

蝘 蜓、
언 정

레 11:31

凡 此 匍 匐 之 物、
범 차 포 복 지 물

悉 爲 不 潔、
실 위 불 결

捫 其 尸 者、
문 기 시 자

必 蒙 厥 汚、
필 몽 궐 오

迨夕乃免、
태 석 내 면

레11:32

凡木器、
범 목 기

衣服、
의 복

皮革、
피 혁

橐囊、
탁 낭

不論所用何器、
불 론 소 용 하 기

有斯物之屍墮其上、
유 사 물 지 시 타 기 상

卽蒙厥污、
즉 몽 궐 오

必置於水、
필 치 어 수

迨夕乃潔、
태 석 내 결

레11:33

凡瓦器、
범 와 기

有斯物墮其中、
유 사 물 타 기 중

則所貯之物亦爲汚、
칙 소 저 지 물 역 위 오

其器必毁、
기 기 필 훼

레11:34
器中貯有濡水之食
기 중 저 유 유 수 지 식

物、
물

必蒙厥汚、
필 몽 궐 오

或貯有飮啜之物、
혹 저 유 음 철 지 물

亦蒙厥汚、
역 몽 궐 오

레11:35
無論何器、
무 론 하 기

有斯物之屍墮其上、
유 사 물 지 시 타 기 상

俱蒙厥汚、
구 몽 궐 오

或爐或竈、
혹 로 혹 조

悉必毀之、
실 필 훼 지

當以爲汚、
당 이 위 오

레11:36

至墮於泉、
지 타 어 천

或井匯水之處、
혹 정 회 수 지 처

則水仍潔、
칙 수 잉 결

惟觸其尸、
유 촉 기 시

必蒙厥汚、
필 몽 궐 오

레11:37

如其尸墮於將播之
여 기 시 타 어 장 파 지

種、
종

則仍潔、
칙 잉 결

레11:38

然種濡以水、
연 종 유 이 수

而其尸墮於上、
이 기 시 타 어 상

則不潔、○
칙 불 결

레11:39

如可食之畜自斃、
여 가 식 지 축 자 폐

捫其尸者、
문 기 시 자

必蒙厥汚、
필 몽 궐 오

迨夕乃免、
태 석 내 면

레11:40

或食其肉、
혹 식 기 육

或負其尸、
혹 부 기 시

俱蒙厥汚、
구 몽 궐 오

當澣其衣、
당 한 기 의

迨夕乃免、○
태 석 내 면

레11:41
凡匍匐於地之物、
범 포 복 어 지 지 물
俱爲可憎、
구 위 가 증
毋食、
무 식

레11:42
凡物以腹行、
범 물 이 복 행
或四足、
혹 사 족
或多足、
혹 다 족
匍匐於地者、
포 복 어 지 자
俱爲可憎、
구 위 가 증
毋食、
무 식

레11:43
勿緣匍匐之物、
물 연 포 복 지 물

使己爲可憎、
사 기 위 가 증

亦勿因之自汚、
역 물 인 지 자 오

而爲不潔、
이 위 불 결

레 11:44

蓋我乃耶和華、
개 아 내 야 화 화

爾之祆上帝、
이 지 천 상 제

我聖、
아 성

爾亦當聖、
이 역 당 성

勿緣匍匐於地之物、
물 연 포 복 어 지 지 물

致汚己身、
치 오 기 신

레 11:45

我乃耶和華、
아 내 야 화 화

導爾出埃及、
도 이 출 애 급

爲汝之祆上帝、
위 여 지 천 상 제

我聖汝亦當聖、 ○
아 성 여 역 당 성

레11:46

47 凡走獸飛鳥、
범 주 수 비 조

水中動物、
수 중 동 물

地上匍匐之物、
지 상 포 복 지 물

區別潔與不潔、
구 별 결 여 불 결

可食與不可食、
가 식 여 불 가 식

其例若此、
기 례 약 차

利未記 第十二章
리 미 기 제 십 이 장

레12:1

耶和華諭摩西曰、
야 화 화 유 마 서 왈

레12:2

告以色列族云、
고 이 색 열 족 운

婦懷姙生男、
부 회 임 생 남

必蒙不潔、
필 몽 불 결

歷至七日、
력 지 칠 일

如癸水行時之不潔
여 계 수 행 시 지 불 결

然、
연

레 12:3

八日、
팔 일

必爲其子行割、
필 위 기 자 행 할

레 12:4

洗滌其血、
세 척 기 혈

三十三日乃潔、
삼 십 삼 일 내 결

斯日未盈、
사 일 미 영

不可捫聖物、
불 가 문 성 물

不可入聖所、
불 가 입 성 소

레 12:5

若生女子、
약 생 녀 자

必二七日蒙不潔、
필 이 칠 일 몽 불 결

如癸水行時之不潔
여 계 수 행 시 지 불 결

然、
연

洗滌其血、
세 척 기 혈

六十六日乃潔、
육 십 육 일 내 결

레 12:6

無論誕育男女、
무 론 탄 육 남 녀

潔日旣盈、
결 일 기 영

當攜一歲之羔爲燔
당 휴 일 세 지 고 위 번

祭、
제

及鳲鳩或雛鴿之一、
급 시 구 혹 추 합 지 일

爲贖罪祭、
위 속 죄 제

至會幕門、
지 회 막 문

付與祭司、
부 여 제 사

레 12:7

祭司獻於耶和華、
제 사 헌 어 야 화 화

代爲贖罪、
대 위 속 죄

婦流血蒙不潔、
부 류 혈 몽 불 결

如是始潔、
여 시 시 결

婦生男女、
부 생 남 녀

其例若此、
기 례 약 차

레 12:8

如其資財不足備羔、
여 기 자 재 불 족 비 고

則必攜鳲鳩二、
즉 필 휴 시 구 이

或雛鴿二、
혹 추 합 이

一爲燔祭、
일 위 번 제

一爲贖罪祭、
일 위 속 죄 제

祭司代爲贖罪、
제 사 대 위 속 죄

而婦乃潔、
이 부 내 결

利未記 第十三章
리 미 기 제 십 삼 장

레 13:1

耶和華諭摩西亞倫
야 화 화 유 마 서 아 륜

曰、
왈

레 13:2

人若膚腫、
인 약 부 종

或生疥、
혹 생 개

或有斑、
혹 유 반

狀如癩疾、
상 여 라 질

則必攜之詣祭司亞
칙 필 휴 지 예 제 사 아

倫、
륜

或其子孫之一爲祭司
혹 기 자 손 지 일 위 제 사

者、
자

레 13:3

祭司必察其膚之疾、
제 사 필 찰 기 부 지 질

如患處之毫變白、
여 환 처 지 호 변 백

其狀入膚較深、
기 상 입 부 교 심

則屬癩疾、
칙 속 라 질

祭司察之、
제 사 찰 지

必謂其不潔、
필 위 기 불 결

레 13:4

如斑爲白、
여 반 위 백

其狀入膚不深、
기 상 입 부 불 심

其毫猶未白者、
기 호 유 미 백 자

祭司必禁錮其人、
제 사 필 금 고 기 인

歷至七日、
력 지 칠 일

레 13:5

屆期察之、
계 기 찰 지

如其疾止、
여 기 질 지

不散於膚、
불 산 어 부

祭司仍禁錮之、
제 사 잉 금 고 지

歷至七日、
력 지 칠 일

레 13:6

屆期必再察之、
계 기 필 재 찰 지

如其患處微變爲暗、
여 기 환 처 미 변 위 암

不散於膚、
불 산 어 부

則疥而已、
칙 개 이 이

祭司必謂其爲潔、
제 사 필 위 기 위 결

其人澣衣成潔、
기 인 한 의 성 결

레 13:7

祭司察後、
세 사 찰 후

其疾蔓延於膚、
기 질 만 연 어 부

復詣祭司、
복 예 제 사

레 13:8

祭司察之、
제 사 찰 지

見其疾果蔓延、
견 기 질 과 만 연

則必謂其不潔、
칙 필 위 기 불 결

乃屬癩疾、○
내 속 라 질

레 13:9

人有癩疾、
인 유 라 질

必攜之詣祭司、
필 휴 지 예 제 사

레 13:10

祭司察之、
제 사 찰 지

如其膚腫而白、
여 기 부 종 이 백

毫亦變白、
호 역 변 백

肉腫而紅、
육 종 이 홍

레 13:11

乃膚際之舊癩、
내 부 제 지 구 라

此誠汚衊、
차 성 오 멸

祭司必謂其不潔、
제 사 필 위 기 불 결

毋庸禁錮其人、
무 용 금 고 기 인

레 13:12

如其癩疾散布於膚、
여 기 라 질 산 포 어 부

自頂至踵、
자 정 지 종

無在不有、
무 재 불 유

레 13:13

祭司察之、
제 사 찰 지

見癩蔓延全體、
견 라 만 연 전 체

則謂其爲潔、
칙 위 기 위 결

蓋全體旣白、
개 전 체 기 백

其人乃潔也、
기 인 내 결 야

레 13:14

如肉紅腫、
여 육 홍 종

見於其身、
견 어 기 신

則爲不潔、
칙 위 불 결

레13:15

祭司驗之、
제 사 험 지

必謂其不潔、
필 위 기 불 결

紅腫之肉不潔、
홍 종 지 육 불 결

是乃癩疾、
시 내 라 질

레13:16

如紅腫之肉、
여 홍 종 지 육

復原而變白、
복 원 이 변 백

則必復詣祭司、
칙 필 복 예 제 사

레13:17

祭司察之、
제 사 찰 지

見患處變白、
견 환 처 변 백

必謂其爲潔、
필 위 기 위 결

其人乃爲潔、○
기 인 내 위 결

레13:18

如人膚際生瘡、
여 인 부 제 생 창

而後得醫、
이 후 득 의

레13:19

瘡處或腫而白、
창 처 혹 종 이 백

或有斑斕、
혹 유 반 란

紅白相間、
홍 백 상 간

則必示於祭司、
칙 필 시 어 제 사

레13:20

祭司察之、
제 사 찰 지

若其狀深入膚際、
약 기 상 심 입 부 제

其毫變白、
기 호 변 백

則謂其不潔、
칙 위 기 불 결

是乃癩疾、
시 내 라 질

由瘡而成、
유 창 이 성

레 13:21

如祭司察之、
여 제 사 찰 지

見無白毫、
견 무 백 호

不深入膚、
불 심 입 부

患處微變爲暗、
환 처 미 변 위 암

則必禁錮其人、
칙 필 금 고 기 인

歷至七日、
력 지 칠 일

레 13:22

倘蔓延於膚、
당 만 연 어 부

則屬癩疾、
칙 속 라 질

祭司必謂其不潔、
제 사 필 위 기 불 결

레 13:23

若斑瀾如前、
약 반 란 여 전

而不蔓延、
이 불 만 연

則爲瘡瘢、
칙 위 창 반

祭司必謂其爲潔、○
제 사 필 위 기 위 결

레13:24

如人之膚爲火所灼、
여 인 지 부 위 화 소 작

其處起有斑爛、
기 처 기 유 반 란

紅白相間、
홍 백 상 간

레13:25

祭司必察之、
제 사 필 찰 지

見斑爛處、
견 반 란 처

其毫變白、
기 호 변 백

其狀入膚較深、
기 상 입 부 교 심

則屬癩疾、
칙 속 라 질

由灼所致、
유 작 소 치

必謂其不潔、
필 위 기 불 결

레 13:26

如祭司察之、
여 제 사 찰 지

斑斕處無白毫、
반 란 처 무 백 호

不深入膚、
불 심 입 부

患處微變爲暗、
환 처 미 변 위 암

則必禁錮其人、
칙 필 금 고 기 인

歷至七日、
력 지 칠 일

레 13:27

屆期察之、
계 기 찰 지

如蔓延於膚、
여 만 연 어 부

則屬癩疾、
칙 속 라 질

必謂其不潔、
필 위 기 불 결

레 13:28

若斑瀾如前、
약 반 란 여 전

而不蔓延、
이 불 만 연

患處微變爲暗、
환 처 미 변 위 암

此屬疥疾、
차 속 개 질

由灼所致、
유 작 소 치

第爲火灼之瘢、
제 위 화 작 지 반

必謂其爲潔、○
필 위 기 위 결

레 13:29

如男女在首在鬚有
여 남 녀 재 수 재 수 유

疾、
질

레 13:30

祭司察之、
제 사 찰 지

若其狀入膚較深、
약 기 상 입 부 교 심

中有細毫、
중 유 세 호

其色維黃、
기 색 유 황

此屬癬、
차 속 선

或生於首、
혹 생 어 수

或生於鬚、
혹 생 어 수

必謂其不潔、
필 위 기 불 결

레 13:31

如祭司察其癬、
여 제 사 찰 기 선

不深入膚、
불 심 입 부

中無黑毫、
중 무 흑 호

則必禁錮其人、
즉 필 금 고 기 인

歷至七日、
력 지 칠 일

레13:32

居期察之、
계기찰지

如癬不蔓延、
여선불만연

中無黃毫、
중무황호

不深入膚、
불심입부

레13:33

則薙鬚髮、
칙지수발

留其癬處、
류기선처

禁錮其人、
금고기인

歷至七日、
력지칠일

레13:34

居期察之、
계기찰지

癬不蔓延、
선불만연

不深入膚、
불심입부

必謂其爲潔、
필 위 기 위 결

其人澣衣成潔、
기 인 한 의 성 결

레 13:35

成潔之後、
성 결 지 후

如癬蔓延於膚、
여 선 만 연 어 부

레 13:36

祭司察之、
제 사 찰 지

若果蔓延、
약 과 만 연

則無庸求其黃毫、
칙 무 용 구 기 황 호

其人乃爲不潔、
기 인 내 위 불 결

레 13:37

如癬已止、
여 선 이 지

中發黑毫、
중 발 흑 호

其癬已愈、
기 선 이 유

其人已潔、
기 인 이 결

必謂其爲潔、○
필 위 기 위 결

레 13:38

如男女膚生斑、
여 남 녀 부 생 반

色白而亮、
색 백 이 량

레 13:39

祭司察之、
제 사 찰 지

若斑微暗、
약 반 미 암

則屬癬疾、
칙 속 선 질

發生於膚、
발 생 어 부

其人爲潔、○
기 인 위 결

레 13:40

如髮脫落、
여 발 탈 락

則屬頭童、
칙 속 두 동

其人爲潔、
기 인 위 결

레 13:41
如頂髮凋殘、
여 정 발 조 잔
則爲頂額、
칙 위 안 액
其人爲潔、
기 인 위 결

레 13:42
若頭童頂額處發疾、
약 두 동 안 액 처 발 질
紅白相間、
홍 백 상 간
此乃癩疾之發於頭額
차 내 라 질 지 발 어 두 액
者、
자

레 13:43
祭司察之、
제 사 찰 지
若頭童頂額處之疾、
약 두 동 안 액 처 지 질
其色紅白相間、
기 색 홍 백 상 간

如膚生癩疾然、
여 부 생 라 질 연

레 13:44
其人乃癩、
기 인 내 라

而爲不潔、
이 위 불 결

祭司必謂其不潔、
제 사 필 위 기 불 결

其癩疾在首也、○
기 라 질 재 수 야

레 13:45
凡患癩者、
범 환 라 자

必裂衣散髮、
필 렬 의 산 발

掩口自呼曰、
엄 구 자 호 왈

汚矣、
오 의

汚矣、
오 의

레 13:46
當其患癩時、
당 기 환 라 시

必爲不潔、
필위불결

旣已不潔、
기이불결

必獨處、
필독처

在營外、○
재영외

레13:47

若衣發霉、
약의발매

或毳衣、
혹취의

或枲衣、
혹시의

레13:48

或經或緯、
혹경혹위

或織以枲、
혹직이시

或織以毳、
혹직이취

或皮、
혹피

及革制之物、
급 혁 제 지 물

레 13:49

所染之衣皮經緯、
소 염 지 의 피 경 위

革制之物、
혁 제 지 물

其色或綠或紅、
기 색 혹 록 혹 홍

此屬癩疾、
차 속 라 질

必示祭司、
필 시 제 사

레 13:50

祭司察之、
제 사 찰 지

藏所染者、
장 소 염 자

歷至七日、
력 지 칠 일

레 13:51

屆期察之、
계 기 찰 지

若其斑蔓延於衣、
약 기 반 만 연 어 의

或於經緯、
혹 어 경 위

或於皮、
혹 어 피

及革制之物、
급 혁 제 지 물

此屬霉毒之癩、
차 속 매 독 지 라

乃爲不潔、
내 위 불 결

레 13:52

則所染之衣、
칙 소 염 지 의

無論經緯毳枲、
무 론 경 위 취 시

及革制之物、
급 혁 제 지 물

必俱焚之、
필 구 분 지

此屬霉毒之癩、
차 속 매 독 지 라

必爇以火、
필 설 이 화

레 13:53

祭司察之、
제 사 찰 지

如其斑不復蔓延於
여 기 반 불 부 만 연 어

衣、
의

或於經緯、
혹 어 경 위

或於皮革、
혹 어 피 혁

레 13:54

宜使浣濯、
의 사 완 탁

而復藏之、
이 부 장 지

歷至七日、
력 지 칠 일

레 13:55

浣濯之後、
완 탁 지 후

必再察之、
필 재 찰 지

若其斑色猶未變、
약 기 반 색 유 미 변

雖未蔓延、
수 미 만 연

亦爲不潔、
역 위 불 결

乃屬霉毒之癩、
내 속 매 독 지 라

無論在表在裏、
무 론 재 표 재 리

必爇以火、
필 설 이 화

레 13:56

旣經澣濯、
기 경 한 탁

祭司察之、
제 사 찰 지

若色微暗、
약 색 미 암

則必裂其衣皮經緯、
칙 필 렬 기 의 피 경 위

而去除之、
이 거 제 지

레 13:57

如仍見於衣之經緯、
여 잉 견 어 의 지 경 위

或於皮革、
혹 어 피 혁

此癩復發、
차 라 복 발

必爇以火、
필 설 이 화

레 13:58

如衣之經緯、
여 의 지 경 위

或皮革、
혹 피 혁

旣經澣濯、
기 경 한 탁

去除其斑、
거 제 기 반

則必再澣、
칙 필 재 한

使成爲潔、
사 성 위 결

레 13:59

以上所載毳衣枲衣、
이 상 소 재 취 의 시 의

或經或緯、
혹 경 혹 위

及革制之物、
급 혁 제 지 물

爲癩所染、
위 라 소 염

謂其爲潔爲不潔其例
위 기 위 결 위 불 결 기 례

如此、
여 차

利未記 第十四章
리 미 기 제 십 사 장

레 14:1
耶和華諭摩西曰、
야 화 화 유 마 서 왈

레 14:2
患癩之人成潔之日、
환 라 지 인 성 결 지 일

亦有其例、
역 유 기 례

必攜之詣祭司、
필 휴 지 예 제 사

레 14:3
祭司至營外察之、
제 사 지 영 외 찰 지

見其癩疾已愈、
견 기 라 질 이 유

레 14:4

則 命 人 爲 之 取 生 禽
칙 명 인 위 지 취 생 금

二、
이

惟 潔 是 務、
유 결 시 무

亦 取 香 柏、
역 취 향 백

絳 縷、
강 루

牛 膝 草、
우 슬 초

레 14:5

以 瓦 器 盛 活 水、
이 와 기 성 활 수

宰 一 禽 於 上、
재 일 금 어 상

레 14:6

取 彼 生 禽、
취 피 생 금

及 香 柏、
급 향 백

絳 縷、
강 루

牛膝草、
우 슬 초

濡於禽血之中、
유 어 금 혈 지 중

卽在活水上所宰者、
즉 재 활 수 상 소 재 자

레 14:7

以灑患癩欲潔者凡
이 쇄 환 라 욕 결 자 범

七、
칠

而謂其爲潔、
이 위 기 위 결

乃縱生禽於野、
내 종 생 금 어 야

레 14:8

欲潔之人、
욕 결 지 인

必澣衣薙髮、
필 한 의 치 발

以水濯身、
이 수 탁 신

得以成潔、
득 이 성 결

後可入營、
후 가 입 영

惟居己幕之外、
유 거 기 막 지 외

歷至七日、
력 지 칠 일

레 14:9

屆期、
계 기

毫髮鬚眉、
호 발 수 미

薙之務盡、
지 지 무 진

澣衣濯身、
한 의 탁 신

而後成潔、
이 후 성 결

레 14:10

越至八日、
월 지 팔 일

必取牡綿羊之羔二、
필 취 모 면 양 지 고 이

一歲之牝羔一、
일 세 지 빈 고 일

純全無疵、
순전무자

細麪伊法十分之三、
세면이법십분지삼

調和以油、
조화이유

又取油一羅革、
우취유일라혁

以爲素祭、
이위소제

레 14:11

爲人行潔禮之祭司、
위인행결예지제사

必以欲潔之人及物、
필이욕결지인급물

置於耶和華前、
치어야화화전

會幕門外、
회막문외

레 14:12

取一牡羔、
취일모고

獻爲補過之祭、
헌위보과지제

又取油一羅革、
우 취 유 일 라 혁

俱搖於耶和華前、
구 요 어 야 화 화 전

以爲搖祭、
이 위 요 제

레 14:13

宰羔於聖地、
재 고 어 성 지

卽宰牲爲贖罪祭爲燔
즉 재 생 위 속 죄 제 위 번

祭之處、
제 지 처

補過祭牲歸祭司、
보 과 제 생 귀 제 사

如贖罪祭牲然、
여 속 죄 제 생 연

是爲至聖、
시 위 지 성

레 14:14

祭司必取補過祭牲之
제 사 필 취 보 과 제 생 지

血、
혈

釁於欲潔者右耳之下
흔 어 욕 결 자 우 이 지 하

垂、
수

及右手之巨擘、
급 우 수 지 거 벽

右足之將指、
우 족 지 장 지

레 14:15

祭司又取所加之油少
제 사 우 취 소 가 지 유 소

許、
허

傾於左掌、
경 어 좌 장

레 14:16

染以右指、
염 이 우 지

灑於耶和華前凡七、
쇄 어 야 화 화 전 범 칠

레 14:17

以餘油少許、
이 여 유 소 허

膏於欲潔者右耳之下
고 어 욕 결 자 우 이 지 하

垂、
수

及右手之巨擘、
급우수지거벽

右足之將指、
우족지장지

在補過祭牲之血上、
재보과제생지혈상

레 14:18

掌中餘油、
장중여유

沃於欲潔者之首、
옥어욕결자지수

代爲贖罪於耶和華
대위속죄어야화화

前、
전

레 14:19

祭司乃獻贖罪之祭、
제사내헌속죄지제

代欲潔者贖罪、
대욕결자속죄

後宰燔祭之牲、
후재번제지생

레 14:20

與素祭同獻於壇、
여소제동헌어단

代爲贖罪、
대위속죄

其人乃潔、○
기인내결

레 14:21

如其匱乏、
여기궤핍

不能得此、
불능득차

則必取牡綿羊羔一、
칙필취모면양고일

以備搖之、
이비요지

爲補過祭、
위보과제

代爲贖罪、
대위속죄

且以和油之細麪、
차이화유지세면

伊法十分之一爲素
이법십분지일위소

祭、
제

並油一羅革、
병 유 일 라 혁

레 14:22

又取鳲鳩二、
우 취 시 구 이

或雛鴿二、
혹 추 합 이

隨其力所能得、
수 기 력 소 능 득

一爲贖罪祭、
일 위 속 죄 제

一爲燔祭、
일 위 번 제

레 14:23

越至八日、
월 지 팔 일

爲其成潔、
위 기 성 결

必以攜至會幕門、
필 이 휴 지 회 막 문

耶和華前、
야 화 화 전

付與祭司、
부 여 제 사

레 14:24

祭司必取補過祭之
제 사 필 취 보 과 제 지

羔、
고

與油一羅革、
여 유 일 라 혁

搖於耶和華前、
요 어 야 화 화 전

以爲搖祭、
이 위 요 제

레14:25

宰羔取血、
재 고 취 혈

釁於欲潔者右耳之下
흔 어 욕 결 자 우 이 지 하

垂、
수

及右手之巨擘、
급 우 수 지 거 벽

右足之將指、
우 족 지 장 지

레14:26

傾油少許於左掌、
경 유 소 허 어 좌 장

레14:27

以右指灑於耶和華前
이 우 지 쇄 어 야 화 화 전

凡七、
범 칠

레14:28

取油少許、
취 유 소 허

膏於欲潔者右耳之下
고 어 욕 결 자 우 이 지 하

垂、
수

及右手之巨擘、
급 우 수 지 거 벽

右足之將指、
우 족 지 장 지

在補過祭牲之血上、
재 보 과 제 생 지 혈 상

레14:29

掌中餘油、
장 중 여 유

沃於欲潔者之首、
옥 어 욕 결 자 지 수

代爲贖罪於耶和華
대 위 속 죄 어 야 화 화

前、
전

레14:30
必獻鴨鳩一、
필헌시구일
或雛鴿一、
혹추합일
隨其力所能得、
수기력소능득

레14:31
一爲贖罪祭、
일위속죄제
一爲燔祭、
일위번제
與素祭同獻、
여소제동헌
祭司則於耶和華前、
제사칙어야화화전
代欲潔者贖罪、
대욕결자속죄

레14:32
癩者匱乏、
라자궤핍
成潔之禮不能全備
성결지예불능전비

者、
자

其例若此、○
기 례 약 차

레14:33
耶和華諭摩西亞倫
야 화 화 유 마 서 아 륜

曰、
왈

레14:34
我所賜爾爲業之迦南
아 소 사 이 위 업 지 가 남

地、
지

迨爾入之、
태 이 입 지

我若使癩汚染第宅、
아 약 사 라 오 염 제 댁

레14:35
其宅主必至祭司、
기 댁 주 필 지 제 사

告曰、
고 왈

我觀第宅、
아 관 제 댁

似有汚染、
사유오염

레 14:36

祭司未入以察、
제사미입이찰

必使空其宅、
필사공기댁

免宅中所有、
면댁중소유

俱蒙不潔、
구몽불결

嗣後祭司入宅以察、
사후제사입댁이찰

레 14:37

察時、
찰시

見其汚染有紋、
견기오염유문

紅綠參錯、
홍록참착

深入於壁、
심입어벽

레 14:38

祭司必出宅門、
제사필출댁문

扃閉七日、
경 폐 칠 일

레 14:39

屆期察之、
계 기 찰 지

若其汚染蔓延於壁、
약 기 오 염 만 연 어 벽

레 14:40

則命取其汚染之石、
칙 명 취 기 오 염 지 석

擲於邑外不潔之所、
척 어 읍 외 불 결 지 소

레 14:41

宅中四周之壁、
댁 중 사 주 지 벽

必加劖削、
필 가 참 삭

取其塗泥、
취 기 도 니

傾於邑外不潔之所、
경 어 읍 외 불 결 지 소

레 14:42

取他石以代之、
취 타 석 이 대 지

取他泥以塗之、
취 타 니 이 도 지

레 14:43

去石剷壁、
거 석 참 벽

再塗之後、
재 도 지 후

如其污染復發於宅、
여 기 오 염 복 발 어 댁

레 14:44

祭司必入而察之、
제 사 필 입 이 찰 지

見污染蔓延、
견 오 염 만 연

此屬宅中潰爛之癩、
차 속 댁 중 궤 란 지 라

是爲不潔、
시 위 불 결

레 14:45

必毁其第宅、
필 훼 기 제 댁

去其木石塗泥、
거 기 목 석 도 니

遷於邑外不潔之所、
천 어 읍 외 불 결 지 소

레 14:46

扃閉之時、
경폐지시

人入其宅、
인입기댁

必蒙厥汚、
필몽궐오

迨夕乃免、
태석내면

레 14:47

寢食於宅者、
침식어댁자

必澣其衣、
필한기의

레 14:48

厥宅再塗之後、
궐댁재도지후

祭司入察、
제사입찰

見汚染不蔓延、
견오염불만연

則謂其爲潔、
칙위기위결

以其汚染已除、
이기오염이제

레 14:49

使宅成潔、
사 댁 성 결

必取二禽、
필 취 이 금

與香柏、
여 향 백

絳縷、
강 루

牛膝草、
우 슬 초

레 14:50

以瓦器盛活水、
이 와 기 성 활 수

宰一禽於上、
재 일 금 어 상

레 14:51

取香柏、
취 향 백

牛膝草、
우 슬 초

絳縷、
강 루

生禽、
생 금

濡於所宰禽之血、
유 어 소 재 금 지 혈

及活水中、
급 활 수 중

灑宅凡七、
쇄 댁 범 칠

레 14:52

以禽血、
이 금 혈

活水、
활 수

生禽、
생 금

香柏、
향 백

絳縷、
강 루

牛膝草、
우 슬 초

使宅成潔、
사 댁 성 결

레 14:53

縱生禽於邑外野間、
종 생 금 어 읍 외 야 간

如是代爲贖罪、
여 시 대 위 속 죄

其宅乃潔、○
기 댁 내 결

레14:54

以上所載、
이 상 소 재

癩疾癬疥、
라 질 선 개

레14:55

或衣或宅之汚染、
혹 의 혹 댁 지 오 염

레14:56

及紅腫瘡瘢斑爛、
급 홍 종 창 반 반 란

레14:57

示以潔與不潔、
시 이 결 여 불 결

其例若此、
기 례 약 차

利未記 第十五章
리 미 기 제 십 오 장

레15:1

耶和華諭摩西亞倫
야 화 화 유 마 서 아 륜

曰、
왈

레 15:2
告以色列族云、
고 이 색 열 족 운
人患白濁、
인 환 백 닥
是蒙不潔、
시 몽 불 결

레 15:3
或淋或凝、
혹 림 혹 응
俱蒙不潔、
구 몽 불 결

레 15:4
所臥之牀、
소 와 지 상
所坐之物、
소 좌 지 물
悉爲不潔、
실 위 불 결

레 15:5
捫其床者、
문 기 상 자

必蒙不潔、
필 몽 불 결

當澣衣濯身、
당 한 의 탁 신

迨夕乃免、
태 석 내 면

레 15:6

坐其座者、
좌 기 좌 자

必蒙不潔、
필 몽 불 결

當澣衣濯身、
당 한 의 탁 신

迨夕乃免、
태 석 내 면

레 15:7

捫其體者、
문 기 체 자

必蒙不潔、
필 몽 불 결

當澣衣濯身、
당 한 의 탁 신

迨夕乃免、
태 석 내 면

레 15:8

患白濁者、
환 백 탁 자

唾於潔者之身、
타 어 결 자 지 신

其人則蒙不潔、
기 인 칙 몽 불 결

當澣衣濯身、
당 한 의 탁 신

迨夕乃免、
태 석 내 면

레 15:9

患者所乘之鞍、
환 자 소 승 지 안

必蒙不潔、
필 몽 불 결

레 15:10

凡其所御之物、
범 기 소 어 지 물

捫之者必蒙不潔、
문 지 자 필 몽 불 결

迨夕乃免、
태 석 내 면

負之者亦蒙不潔、
부 지 자 역 몽 불 결

當澣衣濯身、
당 한 의 탁 신

迨夕乃免、
태 석 내 면

레 15:11

患者不盥手而捫人、
환 자 불 관 수 이 문 인

其人必蒙不潔、
기 인 필 몽 불 결

當澣衣濯身、
당 한 의 탁 신

迨夕乃免、
태 석 내 면

레 15:12

捫瓦器必毁、
문 와 기 필 훼

捫木器必洗、
문 목 기 필 세

레 15:13

患者成潔、
환 자 성 결

必計七日、
필 계 칠 일

洗滌其衣、
세 척 기 의

以活水濯其身、
이 활 수 탁 기 신

而後爲潔、
이 후 위 결

레15:14

越至八日、
월 지 팔 일

必取鳲鳩二、
필 취 시 구 이

或雛鴿二、
혹 추 합 이

至耶和華前、
지 야 화 화 전

會幕之門、
회 막 지 문

付於祭司、
부 어 제 사

레15:15

祭司獻之、
제 사 헌 지

一爲贖罪祭、
일 위 속 죄 제

一爲燔祭、
일 위 번 제

緣其所患之疾、
연 기 소 환 지 질

爲之贖罪於耶和華
위 지 속 죄 어 야 화 화

前、○
전

레 15:16

如人夢遺、
여 인 몽 유

則蒙不潔、
칙 몽 불 결

必濯全體、
필 탁 전 체

迨夕乃免、
태 석 내 면

레 15:17

或衣或皮、
혹 의 혹 피

爲精所玷、
위 정 소 점

俱蒙不潔、
구 몽 불 결

當澣以水、
당 한 이 수

迨夕乃免、
태석내면

레15:18

男女媾精、
남녀구정

俱蒙不潔、
구몽불결

必濯其身、
필탁기신

迨夕乃免、○
태석내면

레15:19

婦行癸流血、
부행계류혈

必蒙不潔、
필몽불결

計至七日、
계지칠일

凡捫之者、
범문지자

必蒙不潔、
필몽불결

迨夕乃免、
태석내면

레15:20

婦不潔時、
부불결시

所寢之牀、
소침지상

所坐之物、
소좌지물

必蒙不潔、
필몽불결

레15:21

捫其床者、
문기상자

必蒙不潔、
필몽불결

當澣衣濯身、
당한의탁신

迨夕乃免、
태석내면

레15:22

捫其座者、
문기좌자

必蒙不潔、
필몽불결

當澣衣濯身、
당한의탁신

殆夕乃免、
태석내면

레 15:23
在牀及座之物、
재상급좌지물
凡捫之者、
범문지자
必蒙不潔、
필몽불결
殆夕乃免、
태석내면

레 15:24
若與斯婦同寢、
약여사부동침
染其汚衊、
염기오멸
必蒙不潔、
필몽불결
歷至七日、
력지칠일
其人所寢之牀、
기인소침지상
亦爲不潔、○
역위불결

레 15:25

婦行癸之前、
부행계지전

患痭多日、
환붕다일

或行癸之後患痭、
혹행계지후환붕

俱蒙不潔、
구몽불결

患痭之時、
환붕지시

皆爲不潔、
개위불결

如行癸之時然、
여행계지시연

레 15:26

患痭之日、
환붕지일

所寢之牀、
소침지상

所坐之物、
소좌지물

必蒙不潔、
필몽불결

如行癸之日然、
여행계지일연

레 15:27

凡捫斯物者、
범 문 사 물 자

必蒙不潔、
필 몽 불 결

當澣衣濯身、
당 한 의 탁 신

迨夕乃免、
태 석 내 면

레 15:28

厥痲既止、
궐 붕 기 지

必計七日、
필 계 칠 일

然後爲潔、
연 후 위 결

레 15:29

越至八日、
월 지 팔 일

必取鳲鳩二、
필 취 시 구 이

或雛鴿二、
혹 추 합 이

至會幕門、
지 회 막 문

付於祭司、
부 어 제 사

레15:30

祭司獻之、
제 사 헌 지

一爲贖罪祭、
일 위 속 죄 제

一爲燔祭、
일 위 번 제

緣其患痲不潔、
연 기 환 붕 불 결

爲之贖罪於耶和華
위 지 속 죄 어 야 화 화

前、
전

레15:31

如是區別以色列族、
여 시 구 별 이 색 열 족

使離汚衊、
사 리 오 멸

免玷我幕、
면 점 아 막

陷於死亡、○
함 어 사 망

레15:32

凡男患白濁及夢遺、
범 남 환 백 탁 급 몽 유
致蒙厥汚、
치 몽 궐 오

레 15:33
女患行癸之疾、
녀 환 행 계 지 질
或患淋之男女、
혹 환 림 지 남 녀
或與不潔之婦同寢
혹 여 불 결 지 부 동 침
者、
자
其例若此、
기 례 약 차

利未記 第十六章
리 미 기 제 십 륙 장

레 16:1
亞倫二子詣耶和華前
아 륜 이 자 예 야 화 화 전
而死、
이 사

레 16:2
厥後耶和華諭摩西
궐 후 야 화 화 유 마 서

曰、
왈

告爾兄亞倫云、
고 이 형 아 룬 운

聖所幔內、
성 소 내

法匱施恩座前、
법 궤 시 은 좌 전

毋頻入之、
무 빈 입 지

免其死亡、
면 기 사 망

緣我必乘云見於施恩
연 아 필 승 운 견 어 시 은

座上、
좌 상

레 16:3

亞倫欲入聖所、
아 룬 욕 입 성 소

必奉牡犢一爲贖罪
필 봉 모 독 일 위 속 죄

祭、
제

牡綿羊一爲燔祭、
모 면 양 일 위 번 제

레 16:4

衣爲聖之枲衣、
의 위 성 지 시 의

著枲褌、
저 시 곤

束枲紳、
속 시 신

冠枲冠、
관 시 관

此乃聖服、
차 내 성 복

當濯其身、
당 탁 기 신

而後服之、
이 후 복 지

레 16:5

由以色列會欲、
유 이 색 열 회 욕

取牡山羊二爲贖罪
취 모 산 양 이 위 속 죄

祭、
제

牡綿羊一爲燔祭、
모 면 양 일 위 번 제

레 16:6

亞倫獻犢、
아 륜 헌 독

爲己與其家贖罪、
위 기 여 기 가 속 죄

레 16:7

以山羊二、
이 산 양 이

置於會幕門、
치 어 회 막 문

在耶和華前、
재 야 화 화 전

레 16:8

緣二山羊掣籤、
연 이 산 양 체 첨

一歸耶和華、
일 귀 야 화 화

一歸阿撒瀉勒、
일 귀 아 살 사 륵

레 16:9

必以所掣歸耶和華之
필 이 소 체 귀 야 화 화 지

羊、
양

獻爲贖罪祭、
헌 위 속 죄 제

레 16:10

以所掣歸阿撒瀉勒之
이 소 제 귀 아 살 사 륵 지

羊、
양

生置耶和華前、
생 치 야 화 화 전

用以贖罪、
용 이 속 죄

後釋於曠野、
후 석 어 광 야

俾歸阿撒瀉勒、
비 귀 아 살 사 륵

레 16:11

乃奉贖罪之犢、
내 봉 속 죄 지 독

宰之、
재 지

爲己及家贖罪、
위 기 급 가 속 죄

레 16:12

取耶和華壇上爇炭、
취 야 화 화 단 상 설 탄

盛之以鼎、
성 지 이 정

又取乳香
우 취 유 향

之屑一掬、
지 설 일 국

攜入幔內、
휴 입 내

레 16:13

焚香於火、
분 향 어 화

在耶和華前、
재 야 화 화 전

香篆蔽法匱上
향 전 폐 법 궤 상

之施恩座、
지 시 은 좌

俾亞倫免於死亡、
비 아 륜 면 어 사 망

레 16:14

以指取血、
이 지 취 혈

灑於施恩座東、
쇄 어 시 은 좌 동

又灑其前凡七、
우 쇄 기 전 범 칠

레 16:15

後取爲民贖罪
후 취 위 민 속 죄

之山羊、
지 산 양

宰之、
재 지

攜血入幔、
휴 혈 입

灑於施恩座上、
쇄 어 시 은 좌 상

又灑其前、
우 쇄 기 전

如灑犢血然、
여 쇄 독 혈 연

레 16:16

緣以色列
연 이 색 열

族之不潔、
족 지 불 결

及其罪愆、
급 기 죄 건

爲聖所贖罪、
위 성 소 속 죄

並因會幕在
병 인 회 막 재

其汚中、
기 오 중

爲之贖罪、
위 지 속 죄

레16:17

亞倫入聖所、
아 륜 입 성 소

爲己及家、
위 기 급 가

與以色列會衆
여 이 색 열 회 중

贖罪時、
속 죄 시

不許人在會幕、
불 허 인 재 회 막

宜待其出、
의 대 기 출

레16:18

旣出、
기 출

則至耶和華
칙 지 야 화 화

前之壇、
전 지 단

爲之贖罪、
위 지 속 죄

取牡犢山羊之血、
취 모 독 산 양 지 혈

釁壇四角、
흔 단 사 각

레 16:19

以指灑血
이 지 쇄 혈

於壇凡七、
어 단 범 칠

去其爲以色列
거 기 위 이 색 열

族所染之汚、
족 소 염 지 오

潔之爲聖、
결 지 위 성

레 16:20

旣爲聖所會幕
기 위 성 소 회 막

祭壇贖罪、
제 단 속 죄

當奉生羊、
당 봉 생 양

레 16:21

亞倫按二手
아 륜 안 이 수

於其首、
어 기 수

承認以色列
승 인 이 색 열

族之過犯愆尤、
족 지 과 범 건 우

所有罪戾、
소 유 죄 려

使之悉歸羊首、
사 지 실 귀 양 수

俾預簡之人牽
비 예 간 지 인 견

至曠野、
지 광 야

레 16:22

羊乃負諸罪戾、
양 내 부 제 죄 려

縱之適野、
종 지 적 야

至於荒渺之地、
지 어 황 묘 지 지

레 16:23

亞倫入聖所時、
아 륜 입 성 소 시

所服之枲衣、
소 복 지 시 의

入會幕必解之、
입 회 막 필 해 지

留於其間、
류 어 기 간

레 16:24

於聖地以水濯身、
어 성 지 이 수 탁 신

衣衣而出、
의 의 이 출

爲己及民獻燔祭、
위 기 급 민 헌 번 제

代爲贖罪、
대 위 속 죄

레 16:25

贖罪祭牲之脂、
속 죄 제 생 지 지

焚之於壇、
분 지 어 단

레 16:26

縱羊歸阿撒
종 양 귀 아 살

瀉勒者、
사륵자

必澣衣濯身、
필한의탁신

而後入營、
이후입영

레16:27

贖罪之牡
속죄지모

犢及山羊、
독급산양

其血旣攜入聖所、
기혈기휴입성소

以爲贖罪、
이위속죄

其體必攜出營外、
기체필휴출영외

與其皮肉及矢、
여기피육급시

俱爇以火、
구설이화

레16:28

爇之者當
설지자당

澣衣濯身、
한 의 탁 신

然後入營、○
연 후 입 영

레 16:29

七月十日、
칠 월 십 일

爾之宗族、
이 지 종 족

及旅於爾中者、
급 려 어 이 중 자

當苦其心、
당 고 기 심

免於操作、
면 어 조 작

著爲永例、
저 위 영 례

레 16:30

是日必爲爾贖罪、
시 일 필 위 이 속 죄

使於耶和華
사 어 야 화 화

前去惡成潔、
전 거 악 성 결

레 16:31

此爲安息日、
차 위 안 식 일

當苦其心、
당 고 기 심

著爲永例、
저 위 영 례

레 16:32

受膏之祭司、
수 고 지 제 사

繼父任職者、
계 부 임 직 자

必衣枲聖服、
필 의 시 성 복

獻祭贖罪、
헌 제 속 죄

레 16:33

代爲聖所會幕祭壇祭
대 위 성 소 회 막 제 단 제

司會衆贖罪、
사 회 중 속 죄

레 16:34

緣以色列族
연 이 색 열 족

蹈於愆尤、
도 어 건 우

代爲贖罪、
대위속죄

歲凡一次、
세범일차

著爲永例、
저위영례

亞倫遵耶和華所諭摩
아륜준야화화소유마

西之命而行、
서지명이행

利未記 第十七章
리미기 제십칠장

레 17:1

耶和華諭摩西曰、
야화화유마서왈

레 17:2

告亞倫及其子、
고아륜급기자

與以色列衆云、
여이색열중운

耶和華有命、
야화화유명

레 17:3

以色列族凡宰牛羊與
이색열족범재우양여

羔、
고

無論營內營外、
무론영내영외

레 17:4

不攜至會幕門、
불휴지회막문

獻於耶和華、
헌어야화화

在其幕前者、
재기막전자

必以流血之罪歸之、
필이류혈지죄귀지

絶於民中、
절어민중

레 17:5

用使以色列族宰牲於
용사이색열족재생어

野、
야

嗣後攜至會幕門、
사후휴지회막문

付諸祭司、
부제제사

獻於耶和華、
헌 어 야 화 화

爲酬恩之祭、
위 수 은 지 제

레 17:6

在會幕門前、
재 회 막 문 전

耶和華之壇、
야 화 화 지 단

祭司必灑血其上、
제 사 필 쇄 혈 기 상

焚脂以爲馨香、
분 지 이 위 형 향

奉於耶和華、
봉 어 야 화 화

레 17:7

勿復狥欲、
물 복 순 욕

祭牡山羊狀之鬼神、
제 모 산 양 상 지 귀 신

著爲永例、
저 위 영 례

歷世弗替、○
력 세 불 체

레 17:8

當告之曰、
당고지왈

凡以色列族、
범이색열족

及旅於其中者、
급려어기중자

或獻燔祭、
혹헌번제

或獻他祭、
혹헌타제

레 17:9

不攜至會幕門、
불휴지회막문

奉於耶和華者、
봉어야화화자

必絕於民中、○
필절어민중

레 17:10

凡以色列族、
범이색열족

及旅於其中者、
급려어기중자

苟食血、
구식혈

我必敵之、
아 필 적 지

絕於民中、
절 어 민 중

레 17:11

生物之命在血、
생 물 지 명 재 혈

我賜爾灑之於壇、
아 사 이 쇄 지 어 단

以贖爾命、
이 속 이 명

蓋以血贖罪、
개 이 혈 속 죄

因生命在焉、
인 생 명 재 언

레 17:12

故諭以色列族云、
고 유 이 색 열 족 운

凡爾有衆、
범 이 유 중

及旅於爾中者、
급 려 어 이 중 자

俱毋食血、○
구 무 식 혈

레 17:13

凡以色列族、
범 이 색 열 족

及旅於其中者、
급 려 어 기 중 자

如獵取可食之禽獸、
여 렵 취 가 식 지 금 수

必傾其血、
필 경 기 혈

掩之以土、
엄 지 이 토

레 17:14

蓋諸生物、
개 제 생 물

其血與命爲一、
기 혈 여 명 위 일

故諭以色列族云、
고 유 이 색 열 족 운

凡生物之血毋食、
범 생 물 지 혈 무 식

因生物之命在血、
인 생 물 지 명 재 혈

食之者必見絕、
식 지 자 필 견 절

레 17:15

無 論 宗 族 賓 旅 、
무 론 종 족 빈 려

食 自 斃 、
식 자 폐

或 爲 獸 所 裂 之 物 、
혹 위 수 소 렬 지 물

必 蒙 不 潔 、
필 몽 불 결

當 澣 衣 濯 身 、
당 한 의 탁 신

迨 夕 乃 免 、
태 석 내 면

레 17:16

若 不 澣 衣 濯 身 、
약 불 한 의 탁 신

必 負 其 罪 、
필 부 기 죄

利 未 記 第 十 八 章
리 미 기 제 십 팔 장

레 18:1

耶 和 華 諭 摩 西 曰 、
야 화 화 유 마 서 왈

레 18:2

告 以 色 列 族 云 、
고 이 색 열 족 운

我乃耶和華、
아 내 야 화 화

爾之祆上帝、
이 지 천 상 제

레 18:3

昔爾居埃及、
석 이 거 애 급

勿從其土之俗、
물 종 기 토 지 속

今我導爾至迦南、
금 아 도 이 지 가 남

勿行其人之行、
물 행 기 인 지 행

勿循其典章、
물 순 기 전 장

레 18:4

爾必守我律例、
이 필 수 아 률 례

循我典章、
순 아 전 장

我乃耶和華、
아 내 야 화 화

爾之祆上帝、
이 지 천 상 제

레 18:5

故當循我典章、
고 당 순 아 전 장

守我律例、
수 아 률 례

人若行之、
인 약 행 지

則緣此而得生、
칙 연 차 이 득 생

我乃耶和華也、○
아 내 야 화 화 야

레 18:6

勿干骨肉、
물 간 골 육

而行淫亂、
이 행 음 란

我乃耶和華也、
아 내 야 화 화 야

레 18:7

勿烝爾母、
물 증 이 모

烝之是辱父母、
증 지 시 욕 부 모

레 18:8

父之繼室、
부 지 계 실

勿烝之、
물 증 지

烝之則辱父、
증 지 칙 욕 부

레 18:9

至於姊妹、
지 어 자 매

無論同父異母、
무 론 동 부 이 모

同母異父、
동 모 이 부

生於家、
생 어 가

產於外者、
산 어 외 자

勿亂之、
물 란 지

레 18:10

子之女、
자 지 녀

女之女、
녀 지 녀

勿亂之、
물 란 지

亂之是辱己、
란 지 시 욕 기

레 18:11
同父異母之姊妹、
동 부 이 모 지 자 매
亦爲爾之姊妹、
역 위 이 지 자 매
勿亂之、
물 란 지

레 18:12
父之姊妹、
부 지 자 매
乃父骨肉之親、
내 부 골 육 지 친
勿烝之、
물 증 지

레 18:13
母之姊妹、
모 지 자 매
乃母骨肉之親、
내 모 골 육 지 친
勿烝之、
물 증 지

레 18:14

伯叔之妻、
백 숙 지 처

爾之姆嬸、
이 지 모 심

勿烝之、
물 증 지

레 18:15

子之妻、
자 지 처

爾媳也、
이 식 야

勿亂之、
물 란 지

레 18:16

兄弟之妻、
형 제 지 처

勿亂之、
물 란 지

亂之是辱兄弟、
란 지 시 욕 형 제

레 18:17

婦有女、
부 유 녀

勿同娶、
물 동 취

婦之子有女、
부 지 자 유 녀

婦之女有女、
부 지 녀 유 녀

亦勿同娶、
역 물 동 취

皆妻骨肉之親、
개 처 골 육 지 친

勿亂之、
물 란 지

斯乃惡俗、
사 내 악 속

레 18:18

爾妻尚存、
이 처 상 존

勿娶其姊妹、
물 취 기 자 매

辱妻而致其妒、
욕 처 이 치 기 투

레 18:19

婦行癸不潔時、
부 행 계 불 결 시

毋與之近、
무 여 지 근

而行好合、
이 행 호 합

레 18:20

勿與他人之妻同寢、
물 여 타 인 지 처 동 침

致辱己身、
치 욕 기 신

레 18:21

勿使爾子女經火、
물 사 이 자 녀 경 화

以奉摩洛、
이 봉 마 락

勿瀆爾祆上帝之名、
물 독 이 천 상 제 지 명

我乃耶和華也、
아 내 야 화 화 야

레 18:22

勿親男色、
물 친 남 색

如近婦人、
여 근 부 인

斯事可憎、
사 사 가 증

레 18:23

男勿淫於獸以玷身、
남 물 음 어 수 이 점 신

女勿淫於獸以逆性、
녀 물 음 어 수 이 역 성

○

레18:24

勿緣斯事自辱厥躬、
물 연 사 사 자 욕 궐 궁

我於爾前所逐之民、
아 어 이 전 소 축 지 민

行此自玷、
행 차 자 점

레18:25

厥地見汚、
궐 지 견 오

故我以罪加之、
고 아 이 죄 가 지

俾其居民爲地所吐、
비 기 거 민 위 지 소 토

레18:26

爾曹不論宗族、
이 조 불 론 종 족

及旅於爾中者、
급 려 어 이 중 자

當守我典章律例、
당 수 아 전 장 률 례

毋爲此可憎之事、
무 위 차 가 증 지 사

레 18:27

昔居斯土之人、
석 거 사 토 지 인

行此可憎之事、
행 차 가 증 지 사

致玷厥地、
치 점 궐 지

레 18:28

爾勿效之、
이 물 효 지

而汚斯地、
이 오 사 지

免爲所吐、
면 위 소 토

如吐先爾之民然、
여 토 선 이 지 민 연

레 18:29

凡爲此可憎之事、
범 위 차 가 증 지 사

必絶於民中、
필 절 어 민 중

레 18:30

爾當守我所命、
이 당 수 아 소 명

勿從在昔可憎之俗、
물 종 재 석 가 증 지 속

而玷爾身、
이 점 이 신

我乃耶和華、
아 내 야 화 화

爾之祆上帝也、
이 지 천 상 제 야

利未記 第十九章
리 미 기 제 십 구 장

레 19:1

耶和華諭摩西曰、
야 화 화 유 마 서 왈

레 19:2

告以色列會衆云、
고 이 색 열 회 중 운

我乃耶和華、
아 내 야 화 화

爾之祆上帝、
이 지 천 상 제

我聖爾亦當聖、
아 성 이 역 당 성

레 19:3

各宜敬畏父母、
각 의 경 외 부 모

守我安息日、
수 아 안 식 일

我乃耶和華、
아 내 야 화 화

爾之祆上帝也、
이 지 천 상 제 야

레 19:4

勿崇假神、
물 숭 가 신

勿鑄偶像、
물 주 우 상

我乃耶和華、
아 내 야 화 화

爾之祆上帝也、
이 지 천 상 제 야

레 19:5

爾若獻酬恩祭於耶和華、
이 약 헌 수 은 제 어 야 화 화

冀蒙悅納、
기 몽 열 납

레 19:6

當於是日明日食其祭品、
당 어 시 일 명 일 식 기 제 품

若留至三日、
약 류 지 삼 일

宜爇以火、
의 설 이 화

레 19:7

如三日食之、
여 삼 일 식 지

則爲可憎、
칙 위 가 증

不蒙悅納、
불 몽 열 납

레 19:8

凡食之者、
범 식 지 자

乃瀆耶和華之聖物、
내 독 야 화 화 지 성 물

必負厥罪、
필 부 궐 죄

絶於民中、○
절 어 민 중

레 19:9

獲田所產、
획 전 소 산

勿刈其隅、
물 예 기 우

勿拾所遺、
물 습 소 유

레 19:10

園有葡萄、
원 유 포 도

採勿務盡、
채 물 무 진

勿拾隕果、
물 습 운 과

當留於貧乏及賓旅、
당 류 어 빈 핍 급 빈 려

我乃耶和華、
아 내 야 화 화

爾之祆上帝也、
이 지 천 상 제 야

레 19:11

毋竊毋誑、
무 절 무 광

毋相詐虞、
무 상 사 우

레 19:12

毋指我名而妄誓、
무 지 아 명 이 망 서

致瀆爾祆上帝之名、
치 독 이 천 상 제 지 명

我乃耶和華也、
아 내 야 화 화 야

레 19:13

勿虐人、
물 학 인

勿刦人、
물 겁 인

傭人之値、
용 인 지 치

勿留至明晨、
물 류 지 명 신

레 19:14

勿詛聾者、
물 저 롱 자

勿置窒礙於瞽者前、
물 치 질 애 어 고 자 전

宜畏爾之祆上帝、
의 외 이 지 천 상 제

我乃耶和華也、
아 내 야 화 화 야

레 19:15

聽訟之際、
청 송 지 제

勿行非義、
물 행 비 의

勿偏袒貧乏、
물 편 단 빈 핍

勿重視權勢、
물 중 시 권 세

宜秉公以行鞫、
의 병 공 이 행 국

레 19:16

勿往來於閭里、
물 왕 래 어 려 리

評人短長、
평 인 단 장

勿與人敵、
물 여 인 적

致之於死、
치 지 어 사

我乃耶和華也、
아 내 야 화 화 야

레 19:17

勿憾同儕、
물 감 동 주

必責人非、
필 책 인 비

免負其罪、
면 부 기 죄

레 19:18

勿報仇、
물 보 구

勿怨宗族、
물 원 종 족

宜愛人如己、
의 애 인 여 기

我乃耶和華也、
아 내 야 화 화 야

레 19:19

爾宜守我典章、
이 의 수 아 전 장

牲畜異類、
생 축 이 류

勿使遊牝、
물 사 유 빈

百谷之種、
백 곡 지 종

播田毋雜、
파 전 무 잡

勿衣雜織之衣、
물 의 잡 직 지 의

레19:20

婢受人聘、
비 수 인 빙

猶未見贖、
유 미 견 속

不得自由、
불 득 자 유

人若與私、
인 약 여 사

俱當受刑、
구 당 수 형

惟不致死、
유 불 치 사

蓋婢未能自由也、
개 비 미 능 자 유 야

레19:21

男必攜牡綿羊一、
남 필 휴 모 면 양 일

爲補過之祭、
위 보 과 지 제

詣會幕門、
예 회 막 문

奉於耶和華、
봉 어 야 화 화

레 19:22

祭司獻羊、
제 사 헌 양

代爲贖罪、
대 위 속 죄

則所犯者、
칙 소 범 자

乃蒙赦宥、
내 몽 사 유

레 19:23

爾至迦南、
이 지 가 남

栽培結實之樹、
재 배 결 실 지 수

必以初實爲不潔、
필 이 초 실 위 불 결

如人之未受割然、
여 인 지 미 수 할 연

三年毋食、
삼 년 무 식

레 19:24

至於四年、
지 어 사 년

其實爲聖、
기 실 위 성

可奉獻之、
가 봉 헌 지

以頌美耶和華、
이 송 미 야 화 화

레 19:25

迨至五年、
태 지 오 년

其菓可食、
기 과 가 식

使之結實纍然、
사 지 결 실 루 연

我乃耶和華、
아 내 야 화 화

爾之祆上帝也、
이 지 천 상 제 야

레 19:26

毋食有血之物、
무 식 유 혈 지 물

毋用卜筮術數、
무 용 복 서 술 수

레 19:27

首之四周勿薙、
수 지 사 주 물 치

鬚之四周勿損、
수 지 사 주 물 손

레 19:28

勿爲死者割肉、
물 위 사 자 할 육

勿黥爾身、
물 경 이 신

我乃耶和華也、
아 내 야 화 화 야

레 19:29

勿辱爾女、
물 욕 이 녀

使之爲妓、
사 지 위 기

恐斯土淫亂、
공 사 토 음 란

邪惡充乎其間、
사 악 충 호 기 간

레 19:30

宜守我安息日、
의 수 아 안 식 일

敬我聖所、
경 아 성 소

我乃耶和華也、
아 내 야 화 화 야

레 19:31

巫覡勿問、
무 격 물 문

術士勿從、
술 사 물 종

免致受玷、
면 치 수 점

我乃耶和華、
아 내 야 화 화

爾之天上帝也、
이 지 천 상 제 야

레 19:32

見皓首者當起、
견 호 수 자 당 기

敬厥耆老、
경 궐 기 로

畏爾天上帝、
외 이 천 상 제

我乃耶和華也、
아 내 야 화 화 야

레 19:33

旅於斯土者、
려 어 사 토 자

勿侮之、
물 모 지

레 19:34

當視若宗族、
당 시 약 종 족

愛之如己、
애 지 여 기

蓋爾曾旅於埃及、
개 이 증 려 어 애 급

我乃耶和華、
아 내 야 화 화

爾之祆上帝也、
이 지 천 상 제 야

레 19:35

聽訟勿行非義、
청 송 물 행 비 의

於度權量亦然、
어 도 권 량 역 연

레 19:36

度量權衡、
도 량 권 형

俱當公平、
구 당 공 평

我乃耶和華、
아 내 야 화 화

爾之祆上帝、
이 지 천 상 제

導爾出埃及、
도 이 출 애 급

레19:37
當守我典章律例、
당 수 아 전 장 률 례
而遵行之、
이 준 행 지
我乃耶和華也、
아 내 야 화 화 야

利未記 第二十章
리 미 기 제 이 십 장

레20:1
耶和華諭摩西曰、
야 화 화 유 마 서 왈

레20:2
告以色列族云、
고 이 색 열 족 운
凡以色列族、
범 이 색 열 족
及旅於其中者、
급 려 어 기 중 자
以子女獻摩洛、
이 자 녀 헌 마 락
殺無赦、
살 무 사

斯土之民以石擊之、
사 토 지 민 이 석 격 지

레 20:3

以子女獻摩洛、
이 자 녀 헌 마 락

乃汚我聖所、
내 오 아 성 소

瀆我聖名、
독 아 성 명

我必怒之、
아 필 노 지

絕於民中、
절 어 민 중

레 20:4

若斯土之民、
약 사 토 지 민

見其獻子女於摩洛、
견 기 헌 자 녀 어 마 락

佯爲不見、
양 위 불 견

不致之死、
불 치 지 사

레 20:5

我必怒之、
아 필 노 지

與其眷屬、
여기권속

及凡狥欲從摩洛者、
급범순욕종마락자

絕之民中、
절지민중

레 20:6

凡狥欲從巫覡術士
범순욕종무격술사

者、
자

我必怒之、
아필노지

絕於民中、
절어민중

레 20:7

當自潔爲聖、
당자결위성

我乃耶和華、
아내야화화

爾之祅上帝也、
이지천상제야

레 20:8

當守我典章、
당수아전장

而遵行之、
이준행지

我乃耶和華、
아내야화화

使爾成聖也、
사이성성야

레20:9

詛父母者、
저부모자

殺無赦、
살무사

旣詛父母、
기저부모

罪必歸之、
죄필귀지

레20:10

淫人妻者、
음인처자

淫夫淫婦、
음부음부

俱殺無赦、
구살무사

레20:11

烝父繼室、
증부계실

是辱父、
시 욕 부

罪必歸之、
죄 필 귀 지

俱殺無赦、
구 살 무 사

레20:12

如亂其媳、
여 란 기 식

是爲逆倫、
시 위 역 륜

罪必歸之、
죄 필 귀 지

俱殺無赦、
구 살 무 사

레20:13

若親男色、
약 친 남 색

如近婦人、
여 근 부 인

所行可憎、
소 행 가 증

罪必歸之、
죄 필 귀 지

俱殺無赦、
구 살 무 사

레20:14
如人娶妻、
여 인 취 처
並娶其母、
병 취 기 모
是乃邪惡、
시 내 사 악
三人俱爇以火、
삼 인 구 설 이 화
去邪惡於爾中、
거 사 악 어 이 중

레20:15
如人與獸淫合、
여 인 여 수 음 합
必殺無赦、
필 살 무 사
亦必殺獸、
역 필 살 수

레20:16
如女近合於獸、
여 녀 근 합 어 수
其罪歸之、
기 죄 귀 지

必殺無赦、
필 살 무 사

亦必殺獸、
역 필 살 수

레20:17

如人娶姊妹、
여 인 취 자 매

無論同父異母、
무 론 동 부 이 모

異父同母者、
이 부 동 모 자

事屬可恥、
사 속 가 치

俱必絶之民中、
구 필 절 지 민 중

旣辱姊妹、
기 욕 자 매

必負其罪、
필 부 기 죄

레20:18

如婦行癸、
여 부 행 계

人與同寢、
인 여 동 침

婦亦相從、
부 역 상 종

則犯其經、
칙 범 기 경

俱絕於民中、
구 절 어 민 중

레20:19

勿烝父母之姊妹、
물 증 부 모 지 자 매

因辱戚屬、
인 욕 척 속

俱負其罪、
구 부 기 죄

레20:20

如烝伯叔之妻、
여 증 백 숙 지 처

是辱伯叔、
시 욕 백 숙

俱負其罪、
구 부 기 죄

絕嗣而亡、
절 사 이 망

레20:21

如娶兄弟之妻、
여 취 형 제 지 처

是辱兄弟、
시욕형제

斯乃穢事、
사내예사

俱必絕嗣、○
구필절사

레20:22

當守我典章律例、
당수아전장률례

而遵行之、
이준행지

使我導爾所入之地、
사아도이소입지지

不爾吐棄、
불이토기

레20:23

我於爾前所逐之族、
아어이전소축지족

行此惡事、
행차악사

我實憎之、
아실증지

勿從其俗、
물종기속

레20:24

我曾諭爾云、
아 증 유 이 운

爾必承斯土、
이 필 승 사 토

卽我賜爾爲業、
즉 아 사 이 위 업

流乳與蜜之地、
류 유 여 밀 지 지

我乃耶和華、
아 내 야 화 화

爾之祆上帝、
이 지 천 상 제

區別爾於萬民、
구 별 이 어 만 민

레20:25

故當區別禽獸之潔與
고 당 구 별 금 수 지 결 여

不潔、
불 결

勿因我所區別爲污之
물 인 아 소 구 별 위 오 지

禽獸、
금 수

匍匐於地之昆蟲、
포 복 어 지 지 곤 충

致己爲可憎、
치 기 위 가 증

레 20:26
當歸我爲聖、
당 귀 아 위 성
蓋我耶和華乃聖、
개 아 야 화 화 내 성
區別爾於萬民、
구 별 이 어 만 민
俾爾屬我、○
비 이 속 아

레 20:27
無論男女、
무 론 남 녀
凡爲巫覡術士者、
범 위 무 격 술 사 자
殺無赦、
살 무 사
其罪歸之、
기 죄 귀 지
當擊以石、
당 격 이 석

利未記 第二十一章
리 미 기 제 이 십 일 장

레 21:1
耶和華諭摩西曰、
야 화 화 유 마 서 왈
告亞倫子孫爲祭司者
고 아 륜 자 손 위 제 사 자
云、
운
族中有死亡者、
족 중 유 사 망 자
勿因之自污、
물 인 지 자 오

레 21:2
惟骨肉之親、
유 골 육 지 친
如父母、
여 부 모
兄弟、
형 제
子女、
자 녀
則可、
칙 가

레 21:3
姊妹尚爲處女、
자 매 상 위 처 녀

未適人者、
미 적 인 자

亦可、
역 가

레 21:4

旣爲民長、
기 위 민 장

則勿從俗、
칙 물 종 속

致汚己身、
치 오 기 신

레 21:5

祭司勿髡髮、
제 사 물 곤 발

勿薙鬚之四周、
물 치 수 지 사 주

勿割肉、
물 할 육

레 21:6

旣獻火祭於耶和華、
기 헌 화 제 어 야 화 화

享厥祆上帝、
향 궐 천 상 제

故當成聖歸之、
고 당 성 성 귀 지

毋瀆祆上帝之名、
무 독 천 상 제 지 명

레21:7

祭司爲聖、
제 사 위 성

歸於祆上帝、
귀 어 천 상 제

故娼妓、
고 창 기

淫女、
음 녀

棄婦、
기 부

勿娶、
물 취

레21:8

必以祭司爲聖、
필 이 제 사 위 성

因其獻食於祆上帝、
인 기 헌 식 어 천 상 제

必視之爲聖、
필 시 지 위 성

蓋我耶和華乃聖、
개 아 야 화 화 내 성

使爾爲聖也、
사 이 위 성 야

레21:9
如祭司之女行淫自
여 제 사 지 녀 행 음 자
玷、
점
是辱其父、
시 욕 기 부
必爇以火、○
필 설 이 화

레21:10
兄弟中爲大祭司者、
형 제 중 위 대 제 사 자
首沐以膏、
수 목 이 고
任聖職、
임 성 직
衣聖服、
의 성 복
勿披髮、
물 피 발
勿裂衣、
물 렬 의

레21:11

勿近尸、
물 근 시

卽父母之尸、
즉 부 모 지 시

亦勿緣之自汚、
역 물 연 지 자 오

레21:12

勿出聖所、
물 출 성 소

勿汚祆上帝之聖所、
물 오 천 상 제 지 성 소

緣祆上帝之膏、
연 친 상 제 지 고

加於其首以爲冕、
가 어 기 수 이 위 면

我乃耶和華也、
아 내 야 화 화 야

레21:13

必娶處女爲室、
필 취 처 녀 위 실

레21:14

嫠婦、
리 부

棄婦、
기 부

淫女、
음녀

娼妓、
창기

勿娶、
물취

惟宗族之處女、
유종족지처녀

則可、
칙가

레21:15
勿使其苗裔玷於民
물사기묘예점어민

中、
중

蓋我乃耶和華、
개아내야화화

使之成聖也、○
사지성성야

레21:16
耶和華諭摩西曰、
야화화유마서왈

레21:17
告亞倫云、
고아륜운

凡爾歷世子孫、
범 이 력 세 자 손

厥體有疵者、
궐 체 유 자 자

勿近其祆上帝而獻
물 근 기 천 상 제 이 헌

食、
식

레21:18

凡體有疵者、
범 체 유 자 자

不得近之、
불 득 근 지

如瞽、
여 고

跛、
파

凹鼻、
요 비

肢體不均、
지 체 불 균

레21:19

或手足傷毀、
혹 수 족 상 훼

레21:20

或傴僂、
혹 구 루

或侏儒、
혹 주 유

或瞕翳、
혹 장 예

或疥癬、
혹 개 선

或瘡痍、
혹 창 이

或傷損外腎、
혹 상 손 외 신

레 21:21

凡祭司亞倫之裔、
범 제 사 아 륜 지 예

厥體有疵者、
궐 체 유 자 자

勿近耶和華、
물 근 야 화 화

以獻火祭、
이 헌 화 제

體旣有疵、
체 기 유 자

不得進前、
불 득 진 전

獻食於其祆上帝、
헌 식 어 기 천 상 제

레 21:22

所獻祆上帝之食、
소 헌 천 상 제 지 식

無論聖與至聖、
무 론 성 여 지 성

彼亦得而食之、
피 역 득 이 식 지

레 21:23

㡘內不可入、
내 불 가 입

壇前不可近、
단 전 불 가 근

體旣有疵、
체 기 유 자

恐其玷我聖所、
공 기 점 아 성 소

蓋我乃耶和華、
개 아 내 야 화 화

使之成聖也、
사 지 성 성 야

레 21:24

摩西以此告亞倫及其
마 서 이 차 고 아 륜 급 기

子、
자

並以色列衆、
병 이 색 열 중

利未記 第二十二章
리 미 기 제 이 십 이 장

레 22:1
耶和華諭摩西曰、
야 화 화 유 마 서 왈

레 22:2
告亞倫及其子云、
고 아 륜 급 기 자 운

當於以色列族所獻我
당 어 이 색 열 족 소 헌 아

之聖物、
지 성 물

自爲區別、
자 위 구 별

免瀆我聖名、
면 독 아 성 명

我乃耶和華也、
아 내 야 화 화 야

레 22:3
當語之曰、
당 어 지 왈

凡爾歷世子孫、
범 이 력 세 자 손

有蒙不潔、
유 몽 불 결

而近以色列族所獻耶
이 근 이 색 열 족 소 헌 야

和華之聖物、
화 화 지 성 물

必絕於我前、
필 절 어 아 전

我乃耶和華也、
아 내 야 화 화 야

레22:4

凡亞倫子孫患癩、
범 아 륜 자 손 환 라

或白濁、
혹 백 탁

不可食聖物、
불 가 식 성 물

待潔則可、
대 결 칙 가

或緣尸而蒙不潔、
혹 연 시 이 몽 불 결

或夢遺之人、
혹 몽 유 지 인

레22:5

或捫致汚之蟲、
혹 문 치 오 지 충

或捫致汚之人、
혹 문 치 오 지 인

레22:6

凡若此者、
범 약 차 자

爾如捫之、
이 여 문 지

必蒙不潔、
필 몽 불 결

迨夕乃免、
태 석 내 면

苟非洗濯其身、
구 비 세 탁 기 신

勿食聖物、
물 식 성 물

레22:7

迨日入時則潔、
태 일 입 시 칙 결

可食聖物、
가 식 성 물

蓋此藉以養生、
개 차 자 이 양 생

레 22:8

自斃或爲獸所裂之
자폐혹위수소렬지

物、
물

毋食、
무식

恐蒙不潔、
공몽불결

我乃耶和華也、
아내야화화야

레 22:9

當守我誡命、
당수아계명

免爲汚所玷、
면위오소점

負罪而死、
부죄이사

蓋我乃耶和華、
개아내야화화

使之成聖也、
사지성성야

레 22:10

外人不得食聖物、
외인불득식성물

爲旅爲傭於祭司家
위 려 위 용 어 제 사 가

者、
자

亦不得食之、
역 불 득 식 지

레22:11

惟祭司購以金、
유 제 사 구 이 금

或生於其家者、
혹 생 어 기 가 자

可得而食、
가 득 이 식

레22:12

如祭司之女嫁與外
여 제 사 지 녀 가 여 외

人、
인

不可食擧祭之聖物、
불 가 식 거 제 지 성 물

레22:13

如爲嫠、
여 위 리

或爲夫所棄、
혹 위 부 소 기

無子而大歸父家、
무 자 이 대 귀 부 가

與少時無異、
여 소 시 무 이

則父所食者、
칙 부 소 식 자

亦得食之、
역 득 식 지

惟外人不可、
유 외 인 불 가

레22:14

如人誤食聖物、
여 인 오 식 성 물

則必加五分之一、
칙 필 가 오 분 지 일

付於祭司、
부 어 제 사

레22:15

以色列族奉耶和華之
이 색 열 족 봉 야 화 화 지

聖物、
성 물

不可瀆之、
불 가 독 지

레22:16

免食聖物、
면식성물

自取罪戾、
자취죄려

蓋我乃耶和華、
개아내야화화

使之成聖也、○
사지성성야

레22:17

耶和華諭摩西曰、
야화화유마서왈

레22:18

告亞倫及其子、
고아륜급기자

與以色列族云、
여이색열족운

凡以色列族、
범이색열족

曁其中之賓旅、
기기중지빈려

或爲償願、
혹위상원

或出樂輸、
혹출악수

以獻燔祭、
이 헌 번 제

레 22:19
冀蒙悅納、
기 몽 열 납

則必取牛、
칙 필 취 우

或綿羊、
혹 면 양

或山羊、
혹 산 양

惟牡是尙、
유 모 시 상

純全無疵、
순 전 무 자

레 22:20
厥體有疵者、
궐 체 유 자 자

則勿獻之、
칙 물 헌 지

不蒙悅納、
불 몽 열 납

레 22:21
如獻酬恩祭於耶和
여 헌 수 은 제 어 야 화

華、
화

或爲償願、
혹위상원

或出樂輸、
혹출악수

無論牛羊、
무론우양

必務純全、
필무순전

厥體無疵、
궐체무자

始蒙悅納、
시몽열납

레 22:22

凡瞽目、
범고목

毁傷、
훼상

損缺、
손결

瘡瘍、
창양

疥癬、
개선

創瘢、
창 반

俱勿奉於耶和華、
구 물 봉 어 야 화 화

勿獻於壇以爲火祭、
물 헌 어 단 이 위 화 제

레 22:23

牛羊肢體不均、
우 양 지 체 불 균

或有損缺、
혹 유 손 결

若出樂輸而獻、
약 출 악 수 이 헌

則可、
즉 가

以之償願而獻、
이 지 상 원 이 헌

則不蒙悅納、
즉 불 몽 열 납

레 22:24

外腎或損、
외 신 혹 손

或傷、
혹 상

或破、
혹 파

或被閹割者、
혹 피 엄 할 자

勿獻於耶和華、
물 헌 어 야 화 화

在爾所居之地、
재 이 소 거 지 지

勿行閹割、
물 행 엄 할

레 22:25

外人奉此、
외 인 봉 차

爾勿受之、
이 물 수 지

獻爲祆上帝之食、
헌 위 천 상 제 지 식

蓋體毀傷而有疵者、
개 체 훼 상 이 유 자 자

不蒙悅納、○
불 몽 열 납

레 22:26

耶和華諭摩西曰、
야 화 화 유 마 서 왈

레 22:27

凡犢、
범독

或綿羊山羊之羔、
혹면양산양지고

既字必偕母七日、
기자필해모칠일

越至八日、
월지팔일

可獻於耶和華、
가헌어야화화

以爲火祭、
이위화제

始蒙悅納、
시몽열납

레22:28

牝牛牝羊、
빈우빈양

勿偕子同日以宰、
물해자동일이재

레22:29

若因感謝、
약인감사

獻祭於耶和華、
헌제어야화화

當冀蒙悅納而獻之、
당 기 몽 열 납 이 헌 지

레 22:30

祭肉必於是日食之、
제 육 필 어 시 일 식 지

勿留於明晨、
물 류 어 명 신

我乃耶和華也、
아 내 야 화 화 야

레 22:31

當守我誡命、
당 수 아 계 명

而遵行之、
이 준 행 지

我乃耶和華也、
아 내 야 화 화 야

레 22:32

勿瀆我聖名、
물 독 아 성 명

當尊我爲聖於以色列
당 존 아 위 성 어 이 색 열

族中、
족 중

我乃耶和華、
아 내 야 화 화

使爾成聖、
사 이 성 성

레 22:33
導爾出埃及、
도 이 출 애 급
爲爾之祅上帝、
위 이 지 천 상 제
我乃耶和華也、
아 내 야 화 화 야

利未記 第二十三章
리 미 기 제 이 십 삼 장

레 23:1
耶和華諭摩西曰、
야 화 화 유 마 서 왈

레 23:2
告以色列族云、
고 이 색 열 족 운
耶和華之節期、
야 화 화 지 절 기
汝當宣告爲聖會、
여 당 선 고 위 성 회

레 23:3
六日間、
육 일 간

宜操作、
의 조 작

至七日、
지 칠 일

乃安息、
내 안 식

是爲聖會、
시 위 성 회

無論何工、
무 론 하 공

俱勿作、
구 물 작

在爾所居之處、
재 이 소 거 지 처

必守是日爲耶和華之
필 수 시 일 위 야 화 화 지

安息日、
안 식 일

레 23:4

此外耶和華之節期、
차 외 야 화 화 지 절 기

屆時、
계 시

爾必宣告爲聖會、
이 필 선 고 위 성 회

레 23:5

正月十四日薄暮、
정 월 십 사 일 박 모

乃耶和華之逾越節、
내 야 화 화 지 유 월 절

레 23:6

是月之望、
시 월 지 망

爲除酵節、
위 제 효 절

以奉事耶和華、
이 봉 사 야 화 화

當食無酵餠、
당 식 무 효 병

歷至七日、
력 지 칠 일

레 23:7

首日有聖會、
수 일 유 성 회

毋作苦、
무 작 고

레 23:8

此七日間、
차 칠 일 간

日獻火祭於耶和華、
일 헌 화 제 어 야 화 화

越至七日、
월 지 칠 일

亦有聖會、
역 유 성 회

毋作苦、○
무 작 고

레 23:9

耶和華諭摩西曰、
야 화 화 유 마 서 왈

레 23:10

告以色列族云、
고 이 색 열 족 운

爾至我所賜爾之地、
이 지 아 소 사 이 지 지

穫田所產、
확 전 소 산

必取初實之穀一束、
필 취 초 실 지 곡 일 속

奉於祭司、
봉 어 제 사

레 23:11

安息日之翌日、
안 식 일 지 익 목

祭司以之搖於耶和華
제 사 이 지 요 어 야 화 화

前、
전

冀蒙悅納、
기몽열납

레23:12
搖谷之日、
요곡지일

必取一歲之牡羔、
필취일세지모고

純全無疵、
순전무자

以爲燔祭、
이위번제

獻於耶和華、
헌어야화화

레23:13
和油之細麪伊法十分
화유지세면이법십분

之二、
지이

以爲素祭、
이위소제

獻於耶和華、
헌어야화화

爲馨香之火祭、
위 형 향 지 화 제

酒一欣四分之一、
주 일 흔 사 분 지 일

以爲灌祭、
이 위 관 제

레23:14

此日之先、
자 일 지 선

未獻斯祭於耶和華、
미 헌 사 제 어 야 화 화

餅與烘穀新穗、
병 여 홍 곡 신 수

毋食、
무 식

在爾所居之處、
재 이 소 거 지 처

著爲永例、
저 위 영 례

歷世弗替、○
력 세 불 체

레23:15

自安息日之翌日、
자 안 식 일 지 익 일

搖谷之日、
요곡지일

必核七安息日、
필핵칠안식일

而盈其數、
이영기수

레23:16

於安息日之翌日、
어안식일지익일

計至五旬、
계지오순

獻素祭於耶和華、
헌소제어야화화

以薦其新、
이천기신

레23:17

自爾居所、
자이거소

取細麪伊法
취세면이법

十分之二、
십분지이

和以酵、
화이효

製餅二、
제병이

以爲初實之搖祭、
이위초실지요제

獻於耶和華、
헌어야화화

레23:18

隨餅而獻一歲之羔
수병이헌일세지고

七、
칠

純全無疵、
순전무자

牡犢一、
모독일

牡綿羊二、
모면양이

與其素祭灌祭、
여기소제관제

悉燔之、
실번지

以爲馨香之火祭、
이위형향지화제

奉於耶和華、
봉어야화화

레 23:19

又獻牡山羊一、
우 헌 모 산 양 일

爲贖罪祭、
위 속 죄 제

一歲之牡綿羊羔二、
일 세 지 모 면 양 고 이

爲酬恩祭、
위 수 은 제

레 23:20

祭司取此、
제 사 취 차

與初實之麥所作之
여 초 실 지 맥 소 작 지

餠、
병

以爲搖祭、
이 위 요 제

搖於耶和華前、
요 어 야 화 화 전

是物於耶和華爲聖、
시 물 어 야 화 화 위 성

必歸祭司、
필 귀 제 사

레 23:21

是日必宣告有聖會、
시 일 필 선 고 유 성 회

毋作苦、
무 작 고

在爾所居之處、
재 이 소 거 지 처

著爲永例、
저 위 영 례

歷世弗替、
력 세 불 체

레 23:22

穫田所產、
확 전 소 산

勿刈其隅、
물 예 기 우

勿拾所遺、
물 습 소 유

當留於貧乏及賓旅、
당 류 어 빈 핍 급 빈 려

我乃耶和華、
아 내 야 화 화

爾之祇上帝也、○
이 지 천 상 제 야

레 23:23

耶和華諭摩西曰、
야 화 화 유 마 서 왈

레 23:24
告以色列族云、
고 이 색 열 족 운
七月之朔、
칠 월 지 삭
當守安息日、
당 수 안 식 일
必有聖會、
필 유 성 회
吹角爲記、
취 각 위 기

레 23:25
是日毋作苦、
시 일 무 작 고
必獻火祭於
필 헌 화 제 어
耶和華、○
야 화 화

레 23:26
耶和華諭摩西曰、
야 화 화 유 마 서 왈

레 23:27

七月十日、
칠월십일

爲贖罪之期、
위속죄지기

必守爲聖會、
필수위성회

當苦其心、
당고기심

獻火祭於耶和華、
헌화제어야화화

레 23:28

是日乃贖罪之期、
시일내속죄지기

無論何工、
무론하공

俱勿作、
구물작

而贖爾罪於爾祆上帝
이속이죄어이천상제

耶和華前、
야화화전

레 23:29

是日不自苦者、
시일불자고자

必絕之民中、
필 절 지 민 중

레23:30
於是日操作者、
어 시 일 조 작 자
必滅之民中、
필 멸 지 민 중

레23:31
是日無論何工、
시 일 무 론 하 공
俱勿作、
구 물 작
在爾所居之處、
재 이 소 거 지 처
著爲永例、
저 위 영 례
歷世弗替、
력 세 불 체

레23:32
當守是日爲肅安息
당 수 시 일 위 숙 안 식
日、
일
而苦其心、
이 고 기 심

是月九日薄暮、
시월구일박모

至明日薄暮、
지명일박모

守爲安息日、○
수위안식일

레 23:33
耶和華諭摩西曰、
야화화유마서왈

레 23:34
告以色列族云、
고이색열족운

七月之望、
칠월지망

爲耶和華守構廬之節
위야화화수구려지절

期、
기

歷至七日、
력지칠일

레 23:35
首日有聖會、
수일유성회

毋作苦、
무작고

레 23:36

此七日間、
자 칠 일 간

日獻火祭於耶和華、
일 헌 화 제 어 야 화 화

越至八日、
월 지 팔 일

亦爲聖會、
역 위 성 회

必獻火祭於耶和華、
필 헌 화 제 어 야 화 화

斯爲肅會、
시 위 숙 회

毋作苦、○
무 작 고

레 23:37

上所言者、
상 소 언 자

乃耶和華之節期、
내 야 화 화 지 절 기

必宣告爲聖會、
필 선 고 위 성 회

獻火祭、
헌 화 제

燔祭、
번제
素祭、
소제
灌祭、
관제
及他祭於耶和華、
급타제어야화화
各依日之所宜、
각의일지소의

레 23:38
此在耶和華之安息
차재야화화지안식
日、
일
與償願樂輸、
여상원악수
及獻耶和華他祭品之
급헌야화화타제품지
外、○
외

레 23:39
七月之望、
칠월지망

田疇所產、
전 주 소 산

斂藏旣畢、
렴 장 기 필

必守耶和華之節期、
필 수 야 화 화 지 절 기

歷至七日、
력 지 칠 일

首日爲肅安息、
수 일 위 숙 안 식

八日亦爲肅安息、
팔 일 역 위 숙 안 식

레 23:40

首日必取佳木之菓、
수 일 필 취 가 목 지 과

椶樹之條、
종 수 지 조

茂樹之枝、
무 수 지 지

溪旁之柳、
계 방 지 류

欣喜歡忭於爾祆上帝
흔 희 환 변 어 이 천 상 제

耶和華前、
야 화 화 전

歷至七日、
력 지 칠 일

레 23:41

每歲七月間、
매 세 칠 월 간

必守此節七日、
필 수 차 절 칠 일

以奉事耶和華、
이 봉 사 야 화 화

著爲永例、
저 위 영 례

歷世弗替、
력 세 불 체

레 23:42

凡爾宗族、
범 이 종 족

必處是廬、
필 처 시 려

歷至七日、
력 지 칠 일

레 23:43

俾爾子孫、
비 이 자 손

歷世知我導其祖出埃
력 세 지 아 도 기 조 출 애

及時、
급 시

使之居廬、
사 지 거 려

我乃耶和華、
아 내 야 화 화

爾之祆上帝也、
이 지 천 상 제 야

레23:44

摩西以耶和華之節
마 서 이 야 화 화 지 절

期、
기

宣告以色列衆、
선 고 이 색 열 중

利未記 第二十四章
리 미 기 제 이 십 사 장

레24:1

耶和華諭摩西曰、
야 화 화 유 마 서 왈

레24:2

告以色列族云、
고 이 색 열 족 운

當取橄欖擣油、
당 취 감 람 도 유

惟潔是務、
유 결 시 무

攜以與爾、
휴 이 여 이

使燈常燃、
사 등 상 연

레 24:3

會幕中、
회 막 중

法匱前慊外、
법 궤 전 외

亞倫必理燈於耶和華
아 륜 필 리 등 어 야 화 화

前、
전

自夕達旦、
자 석 달 단

著爲永例、
저 위 영 례

歷世弗替、
력 세 불 체

레 24:4

必置盞於精金燈臺之
필 치 잔 어 정 금 등 대 지

上、
상

恆理之於耶和華前、
긍 리 지 어 야 화 화 전

○

레 24:5

當取細麪、
당 취 세 면

製餅十二、
제 병 십 이

每餅伊法十分之二、
매 병 이 법 십 분 지 이

레 24:6

列爲二行、
열 위 이 행

行各六餅、
행 각 육 병

置諸精金之几、
치 제 정 금 지 궤

在耶和華前、
재 야 화 화 전

레 24:7

每行餅上、
매 행 병 상

必置乳香、
필 치 유 향

惟潔是務、
유 결 시 무

以爲記誌、
이 위 기 지

獻於耶和華爲火祭、
헌 어 야 화 화 위 화 제

레 24:8

每安息日、
매 안 식 일

陳餠於耶和華前、
진 병 어 야 화 화 전

以色列族守爲永約、
이 색 열 족 수 위 영 약

레 24:9

斯餠悉歸亞倫、
사 병 실 귀 아 륜

及其子孫、
급 기 자 손

當於聖地食之、
당 어 성 지 식 지

著爲永例、
저 위 영 례

蓋獻耶和華之火祭
개 헌 야 화 화 지 화 제

中、
중

此爲至聖也、○
차 위 지 성 야

레24:10

11 以色列族、
이 색 열 족

但之支派、
단 지 지 파

底伯利女、
지 백 리 녀

名示羅密、
명 시 라 밀

適於埃及人、
적 어 애 급 인

所生之子、
소 생 지 자

往來以色列族中、
왕 래 이 색 열 족 중

與一以色列人鬭於
여 일 이 색 열 인 두 어

營、
영

褻瀆耶和華名、
설독야화화명

加以呪詛、
가이주저

人曳之至摩西、
인예지지마서

레24:12

禁於獄、
금어옥

俟耶和華口諭於衆、
사야화화구유어중

○

레24:13

耶和華諭摩西曰、
야화화유마서왈

레24:14

呪詛之人、
주저지인

曳出營外、
예출영외

使聞之者、
사문지자

按手其首、
안수기수

會衆以石擊之、
회중이석격지

레24:15
當告以色列族云、
당고이색열족운
呪詛其祆上帝者、
주저기천상제자
必負其罪、
필부기죄

레24:16
褻瀆耶和華名者、
설독야화화명자
殺無赦、
살무사
會衆必擊以石、
회중필격이석
無論宗族賓旅、
무론종족빈려
褻瀆耶和華名者、
설독야화화명자
殺無赦、
살무사

레24:17
擊人致死者、
격인치사자

殺無赦、
살 무 사

레24:18
擊人之畜致死者、
격 인 지 축 치 사 자
必償之、
필 상 지
以牲償牲、
이 생 상 생

레24:19
殘缺人體者、
잔 결 인 체 자
必依其所行而反之、
필 의 기 소 행 이 반 지

레24:20
傷償傷、
상 상 상
目償目、
목 상 목
齒償齒、
치 상 치
若何使人殘缺、
약 하 사 인 잔 결
必如是反之、
필 여 시 반 지

레24:21

殺人之畜必償、
살 인 지 축 필 상

殺人者、
살 인 자

殺無赦、
살 무 사

레24:22

無論宗族賓旅、
무 론 종 족 빈 려

俱循一例、
구 순 일 례

我乃耶和華、
아 내 야 화 화

爾之祆上帝也、
이 지 천 상 제 야

레24:23

摩西命以色列人曳呪
마 서 명 이 색 열 인 예 주

詛者出營外、
저 자 출 영 외

擊之以石、
격 지 이 석

以色列人遵耶和華諭
이 색 열 인 준 야 화 화 유

摩西之命而行、
마 서 지 명 이 행

利未記 第二十五章
리 미 기 제 이 십 오 장

레 25:1

耶和華於西乃山諭摩
야 화 화 어 서 내 산 유 마

西曰、
서 왈

레 25:2

告以色列族云、
고 이 색 열 족 운

爾旣入我所錫之地、
이 기 입 아 소 석 지 지

當爲耶和華休息土
당 위 야 화 화 휴 식 토

壤、
양

레 25:3

六年間、
육 년 간

耕種田畝、
경 종 전 무

治理葡萄、
치 리 포 도

斂其所產、
렴 기 소 산

레 25:4
越至七年、
월 지 칠 년
土壤安息、
토 양 안 식
爲耶和華肅守之、
위 야 화 화 숙 수 지
斯時田畝勿耕、
사 시 전 무 물 경
葡萄勿治、
포 도 물 치

레 25:5
禾稼之不殖而生者、
화 가 지 불 식 이 생 자
勿穫、
물 확
葡萄之不治而實者、
포 도 지 불 치 이 실 자
勿摘、
물 적
蓋是年其土乃休息、
개 시 년 기 토 내 휴 식

레 25:6

安息年之土産、
안 식 년 지 토 산

爲爾及僕婢傭人賓旅
위 이 급 복 비 용 인 빈 려

所食、
소 식

레25:7

爾之六畜野獸、
이 지 육 축 야 수

亦得而食之、○
역 득 이 식 지

레25:8

爾宜核數安息之年凡
이 의 핵 수 안 식 지 년 범

七、
칠

七七相乘、
칠 칠 상 승

計四十九年、
계 사 십 구 년

레25:9

七月十日、
칠 월 십 일

爲贖罪之期、
위 속 죄 지 기

當使遍地吹角、
당 사 편 지 취 각

大發厥聲、
대 발 궐 성

레25:10

第五十年、
제 오 십 년

當爲聖年、
당 위 성 년

普告境內居民、
보 고 경 내 거 민

此爲禧年、
차 위 희 년

得以自由、
득 이 자 유

人各歸其業、
인 각 귀 기 업

返其家、
반 기 가

레25:11

每五十年必爲禧年、
매 오 십 년 필 위 희 년

田畝勿耕、
전 무 물 경

禾稼之不殖而生者、
화 가 지 불 식 이 생 자

勿穫、
물 확

葡萄之不治而實者、
포 도 지 불 치 이 실 자

勿摘、
물 적

레 25:12

此乃禧年、
차 내 희 년

必以爲聖、
필 이 위 성

田之所產、
전 지 소 산

人俱可食、
인 구 가 식

레 25:13

禧年旣居、
희 년 기 계

各歸其業、
각 귀 기 업

레 25:14

如有所鬻於人、
여 유 소 죽 어 인

或有所購於人、
혹 유 소 구 어 인

皆勿相欺、
개 물 상 기

레25:15

或購或鬻、
혹 구 혹 죽

皆由禧年之後、
개 유 희 년 지 후

核其年數、
핵 기 년 수

視物產之多寡而計之、
시 물 산 지 다 과 이 계 지

레25:16

年多增值、
년 다 증 치

年寡減值、
년 과 감 치

蓋所鬻者、
개 소 죽 자

乃物產之數也、
내 물 산 지 수 야

레25:17

故勿相欺、
고 물 상 기

當畏祆上帝、
당 외 천 상 제

我乃耶和華、
아 내 야 화 화

爾之祆上帝也、
이 지 천 상 제 야

레 25:18

宜循我典章、
의 순 아 전 장

守我律例、
수 아 률 례

而遵行之、
이 준 행 지

藉以安居斯土、
자 이 안 거 사 토

레 25:19

地有所產、
지 유 소 산

使爾果腹、
사 이 과 복

安然居處、
안 연 거 처

레 25:20

若問既至七年、
약 문 기 지 칠 년

不稼不穡、
불 가 불 색

將何以食、
장 하 이 식

레 25:21

我必於第六年、
아 필 어 제 육 년

錫嘏於爾、
석 하 어 이

俾收三年之實、
비 수 삼 년 지 실

레 25:22

八年耕種、
팔 년 경 종

尚食舊穀、
상 식 구 곡

至於九年、
지 어 구 년

新穀乃登、
신 곡 내 등

레 25:23

田畝屬我、
전 무 속 아

汝乃賓旅、
여 내 빈 려

不得永鬻於人、
불 득 영 죽 어 인

레25:24

凡爾所有之地、
범 이 소 유 지 지

許人贖之、○
허 인 속 지

레25:25

假令宗族貧乏、
가 령 종 족 빈 핍

鬻其產業、
죽 기 산 업

近戚當往贖之、
근 척 당 왕 속 지

레25:26

如無贖者、
여 무 속 자

而己積資、
이 기 적 자

足以自贖、
족 이 자 속

레25:27

則自鬻時、
칙 자 죽 시

核其年之多寡、
핵 기 년 지 다 과

以其餘期所値、
이 기 여 기 소 치

償之於人、
상 지 어 인

而歸其業、
이 귀 기 업

레 25:28

如己無力以贖、
여 기 무 력 이 속

則所鬻之業、
칙 소 죽 지 업

存於購者、
존 어 구 자

以待禧年、
이 대 희 년

屆期、
계 기

業歸其主、○
업 귀 기 주

레 25:29

如人鬻邑中之宅、
여 인 죽 읍 중 지 댁

則鬻後期年、
즉 죽 후 기 년

有權可贖、
유 권 가 속

레25:30

如年已周不贖、
여 년 이 주 불 속

則邑中之宅、
즉 읍 중 지 댁

永存於購者、
영 존 어 구 자

歷世弗替、
력 세 불 체

卽屆禧年、
즉 계 희 년

亦不歸主、
역 불 귀 주

레25:31

但宅在鄉里、
단 댁 재 향 리

而無城垣、
이 무 성 원

則視如田畝、
칙 시 여 전 무

可得贖之、
가 득 속 지

禧年歸主、
희 년 귀 주

레25:32
惟利未族之邑、
유 리 미 족 지 읍

卽其業中諸邑
즉 기 업 중 제 읍

之宅、
지 댁

隨時可贖、
수 시 가 속

레25:33
如人贖利未族
여 인 속 리 미 족

邑中之宅、
읍 중 지 댁

屆禧年、
계 희 년

必歸其主、
필 귀 기 주

蓋在以色列族中、
개재이색열족중

利未人以所得
리미인이소득

邑中之宅爲業、
읍중지댁위업

레 25:34

利未族邑郊之田、
리미족읍교지전

爲其恒業、
위기긍업

不得鬻於人、○
불득죽어인

레 25:35

如宗族中、
여종족중

有貧窮者、
유빈궁자

爾見其手匱乏、
이견기수궤핍

當濟助之、
당제조지

使之偕居、
사지해거

若旅人然、
약 려 인 연

레 25:36

勿取其利、
물 취 기 리

宜畏爾之祆上帝、
의 외 이 지 천 상 제

使之偕居、
사 지 해 거

레 25:37

貸金與粟、
대 금 여 속

毋取其利、
무 취 기 리

레 25:38

我乃耶和華、
아 내 야 화 화

爾之祆上帝、
이 지 천 상 제

導爾出埃及、
도 이 출 애 급

以迦南地賜爾、
이 가 남 지 사 이

爲爾祆上帝、○
위 이 천 상 제

레25:39

如 宗 族 中、
여 종 족 중

有 匱 乏 者、
유 궤 핍 자

自 鬻 於 爾、
자 죽 어 이

勿 視 若 奴、
물 시 약 노

레25:40

當 偕 爾 居、
당 해 이 거

如 傭 人 旅 人 然、
여 용 인 려 인 연

供 爾 役 事、
공 이 역 사

以 待 禧 年、
이 대 희 년

레25:41

屆 期、
계 기

彼 及 子 女 去 爾、
피 급 자 녀 거 이

而 歸 其 家、
이 귀 기 가

復得其祖遺業、
복 득 기 조 유 업

레25:42
我導以色列族
아 도 이 색 열 족

出埃及、
출 애 급

彼爲我僕、
피 위 아 복

不得鬻爲奴隷、
불 득 죽 위 노 례

레25:43
勿治以嚴、
물 치 이 엄

宜畏爾之
의 외 이 지

祆上帝、○
천 상 제

레25:44
異邦之民、
이 방 지 민

來自四方者、
래 자 사 방 자

可購爲僕婢、
가 구 위 복 비

레 25:45

外人旅於爾中、
외 인 려 어 이 중

及其子女生於
급 기 자 녀 생 어

爾地者、
이 지 자

可購爲爾有、
가 구 위 이 유

레 25:46

遺於子孫、
유 어 자 손

恆爲爾僕、
긍 위 이 복

惟以色列人
유 이 색 열 인

爲爾宗族、
위 이 종 족

勿以嚴相治、○
물 이 엄 상 치

레 25:47

如爾中貧旅
여 이 중 빈 려

有豐裕者、
유 풍 유 자

爾之同儔窮乏、
이 지 동 주 궁 핍

自鬻於彼、
자 죽 어 피

或其戚屬、
혹 기 척 속

레25:48

鬻後可贖、
죽 후 가 속

同族亦可代贖、
동 족 역 가 대 속

레25:49

或叔伯、
혹 숙 백

或叔伯之子、
혹 숙 백 지 자

或近親他人、
혹 근 친 타 인

俱可贖之、
구 가 속 지

如己積資、
여 기 적 자

足以自贖、
족 이 자 속

自贖亦可、
자 속 역 가

레 25:50

彼與購者、
피 여 구 자

同自鬻時、
동 자 죽 시

計至禧年、
계 지 희 년

揆其期之遠近、
규 기 기 지 원 근

酌傭人之值幾何、
작 용 인 지 치 기 하

以償鬻金之多寡、
이 상 죽 금 지 다 과

레 25:51

年遠、
년 원

付其贖值、
부 기 속 치

償其鬻金宜多、
상 기 죽 금 의 다

레 25:52

年近、
년 근

付其贖値、
부기속치

償其贖金宜少、
상기족금의소

레25:53

歲必偕居、
세필해거

待若傭人、
대약용인

勿治以嚴、
물치이엄

레25:54

如未得贖、
여미득속

禧年旣居、
희년기계

彼及子女、
피급자녀

可出而自由、
가출이자유

레25:55

我導以色列族
아도이색열족

出埃及、
출애급

彼爲我僕、
피 위 아 복

我乃耶和華、
아 내 야 화 화

爾之天上帝也、
이 지 천 상 제 야

利未記 第二十六章
리 미 기 제 이 십 륙 장

레 26:1

於爾所居之地、
어 이 소 거 지 지

勿作偶像、
물 작 우 상

勿立雕像、
물 립 조 상

或柱像、
혹 주 상

或勒像之石、
혹 륵 상 지 석

而崇拜之、
이 숭 배 지

我乃耶和華、
아 내 야 화 화

爾之天上帝、
이 지 천 상 제

레 26:2

當守我安息日、
당 수 아 안 식 일

敬我聖所、
경 아 성 소

我乃耶和華也、○
아 내 야 화 화 야

레 26:3

爾若循我典章、
이 약 순 아 전 장

守我誡命、
수 아 계 명

而遵行之、
이 준 행 지

레 26:4

我必降以時雨、
아 필 강 이 시 우

使土地產物、
사 토 지 산 물

園樹結果、
원 수 결 과

레 26:5

俾爾碾穀延及
비 이 년 곡 연 급

摘葡萄、
적 포 도

摘葡萄延及播
적 포 도 연 급 파

種之時、
종 지 시

得以果腹安居、
득 이 과 복 안 거

레 26:6

賜爾境內平康、
사 이 경 내 평 강

可以安寢、
가 이 안 침

無人恐爾、
무 인 공 이

我必絕滅暴獸
아 필 절 멸 폭 수

於斯土、
어 사 토

刀劍不行於爾地、
도 검 불 행 어 이 지

레 26:7

爾將追敵、
이 장 추 적

以刃擊之、
이 인 격 지

仆於爾前、
부 어 이 전

레 26:8

爾中之人、
이 중 지 인

五可驅百、
오 가 구 백

百可驅萬、
백 가 구 만

以刃擊敵、
이 인 격 적

仆於爾前、
부 어 이 전

레 26:9

我將眷顧爾、
아 장 권 고 이

使爾繁衍昌熾、
사 이 번 연 창 치

踐我與爾所
천 아 여 이 소

立之約、
립 지 약

레 26:10

爾食舊穀、
이 식 구 곡

新穀旣登、
신 곡 기 등

舊穀則徙、
구 곡 칙 사

레 26:11

我將立幕於爾中、
아 장 립 막 어 이 중

心不厭爾、
심 불 염 이

레 26:12

周遊爾間、
주 유 이 간

爲爾祆上帝、
위 이 천 상 제

爾爲我民、
이 위 아 민

레 26:13

我乃耶和華、
아 내 야 화 화

爾之祆上帝、
이 지 천 상 제

導爾出埃及、
도 이 출 애 급

免爲其奴隷、
면 위 기 노 례

斷爾所負之軛、
단 이 소 부 지 액

俾爾昂首而行、 ○
비 이 앙 수 이 행

레26:14

爾若不聽我言、
이 약 불 청 아 언

弗遵我命、
불 준 아 명

레26:15

棄我典章、
기 아 전 장

蔑我律例、
멸 아 률 례

違我誡命、
위 아 계 명

背我盟約、
배 아 맹 약

레26:16

我必加以威烈、
아 필 가 이 위 렬

使爾身癆體熱、
사 이 신 로 체 열

以致目盲神敗、
이 치 목 맹 신 패

播種徒勞、
파 종 도 로

爲敵所食、
위 적 소 식

레26:17

我必敵爾、
아 필 적 이

使見擊於敵前、
사 견 격 어 적 전

憾爾者將製爾、
감 이 자 장 제 이

無人追襲、
무 인 추 습

爾亦遁逃、
이 역 둔 도

레26:18

爾若仍不聽從、
이 약 잉 불 청 종

將懲爾罪、
장 징 이 죄

至於七倍、
지 어 칠 배

레26:19

爾恃強之驕傲、
이 시 강 지 교 오

我必毁之、
아 필 훼 지

並使爾天若鐵、
병 사 이 천 약 철

爾地若銅、
이 지 약 동

레 26:20

爾徒力作、
이 도 력 작

田無所產、
전 무 소 산

樹不結實、
수 불 결 실

레 26:21

爾尚頑梗、
이 상 완 경

不欲順從、
불 욕 순 종

則按罪降災、
칙 안 죄 강 재

至於七倍、
지 어 칠 배

레 26:22

使暴獸入爾境、
사 폭 수 입 이 경

攘爾子女、
양 이 자 녀

滅爾牲畜、
멸 이 생 축

以致戶口凋零、
이 치 호 구 조 령

道途寂寞、○
도 도 적 막

레 26:23

爾猶不悛、
이 유 불 전

所行逆我、
소 행 역 아

레 26:24

我必拂逆爾、
아 필 불 역 이

緣爾之罪扑責爾、
연 이 지 죄 복 책 이

至於七倍、
지 어 칠 배

레 26:25

我使鋒刃臨爾、
아 사 봉 인 림 이

以報背約之仇、
이 보 배 약 지 구

爾集於邑垣、
이 집 어 읍 원

我則降疫癘
아 칙 강 역 려

於其中、
어 기 중

付爾於敵、
부 이 어 적

레 26:26

旣絶餱糧、
기 절 후 량

如折爾杖、
여 절 이 장

十婦炊餅於一爐、
십 부 취 병 어 일 로

權之以給、
권 지 이 급

爾得食而不飽、○
이 득 식 이 불 포

레 26:27

汝猶不聽從、
여 유 불 청 종

所行逆我、
소 행 역 아

레 26:28

我必震怒、
아 필 진 노

以拂逆爾、
이 불 역 이

督責爾罪、
독 책 이 죄

至於七倍、
지 어 칠 배

레 26:29

爾將食子女之肉、
이 장 식 자 녀 지 육

레 26:30

我亦毀爾崇邱、
아 역 훼 이 숭 구

斫爾日像、
작 이 일 상

以爾尸骸、
이 이 시 해

擲於偶像之上、
척 어 우 상 지 상

我心必厭惡爾、
아 심 필 염 악 이

레 26:31

俾爾邑垣荒墟、
비 이 읍 원 황 허

聖所寂寞、
성 소 적 막

不享爾馨香、
불 향 이 형 향

레 26:32

使爾土地荒蕪、
사 이 토 지 황 무

處此之敵、
처 차 지 적

無不駭異、
무 불 해 이

레 26:33

我必散爾於異邦、
아 필 산 이 어 이 방

襲爾以白刃、
습 이 이 백 인

荒涼爾土、
황 량 이 토

闃寂爾邑、
격 적 이 읍

레 26:34

爾既寓於敵國、
이 기 우 어 적 국

斯土荒寂、
사 토 황 적

其壤則閒、
기 양 즉 한

而享安息、
이 향 안 식

레 26:35

地既荒寂、
지 기 황 적

必享安息、
필 향 안 식

爾居斯土、
이 거 사 토

其壤所未獲
기 양 소 미 획

之安息、
지 안 식

此時必得享之、
차 시 필 득 향 지

레 26:36

爾之孑遺、
이 지 혈 유

處於敵國、
처 어 적 국

必使其心頹敗、
필 사 기 심 퇴 패

風吹葉落、
풍 취 엽 락

聞聲而怖、
문 성 이 포

彼之遁逃、
피 지 둔 도

若避鋒刃、
약 피 봉 인

卽無追者、
즉 무 추 자

亦必顚仆、
역 필 전 부

레26:37

無人追襲、
무 인 추 습

自相蹂躪、
자 상 유 린

如在鋒刃之前、
여 재 봉 인 지 전

無力拒敵、
무 력 거 적

레26:38

爾必危亡於異邦、
이 필 위 망 어 이 방

呑噬於敵國、
탄 서 어 적 국

레26:39

爾之孑遺、
이 지 혈 유

處於敵國、
처 어 적 국

爲一己之愆尤、
위 일 기 지 건 우

並前人之罪戾、
병 전 인 지 죄 려

日漸消亡、
일 점 소 망

레26:40

是時必承己愆、
시 시 필 승 기 건

及前人之罪、
급 전 인 지 죄

自認所行逆我、
자 인 소 행 역 아

레26:41

我拂逆之、
아 불 역 지

散之敵國、
산 지 적 국

緣其不潔之心、
연 기 불 결 지 심

自卑服罪、
자 비 복 죄

레26:42

我則追憶我與
아 칙 추 억 아 여

亞伯拉罕、
아 백 랍 한

以撒、
이 살

雅各所立之約、
아 각 소 립 지 약

而俯念斯土、
이 부 념 사 토

레26:43

彼旣蔑視我律例、
피 기 멸 시 아 률 례

心厭我典章、
심 염 아 전 장

致離故土、
치 리 고 토

使田荒寂、
사 전 황 적

於無人時、
어 무 인 시

得享安息、
득 향 안 식

代民服罪、
대 민 복 죄

레26:44

雖然、
수 연

彼處於敵國、
피 처 어 적 국

我不屛斥之、
아 불 병 척 지

厭惡之、
염 악 지

殲滅之、
섬 멸 지

致廢我約、
치 폐 아 약

蓋我乃耶和華、
개 아 내 야 화 화

彼之祆上帝、
피 지 천 상 제

레26:45

昔我導其宗祖
석 아 도 기 종 조

出於埃及、
출 어 애 급

爲其祆上帝、
위 기 천 상 제

異邦無不目擊、
이 방 무 불 목 격

故我必念其約、
고 아 필 념 기 약

我乃耶和華也、
아 내 야 화 화 야

레26:46

以上典章
이 상 전 장

律例法度、
률 례 법 도

乃耶和華於
내 야 화 화 어

西乃山、
서 내 산

藉摩西與以色列
자 마 서 여 이 색 열

人所立者、
인 소 립 자

利未記 第二十七章
리 미 기 제 이 십 칠 장

레 27:1

耶和華諭摩西曰、
야 화 화 유 마 서 왈

레 27:2

告以色列族云、
고 이 색 열 족 운

以人許願、
이 인 허 원

俾歸耶和華、
비 귀 야 화 화

則必估其價、
칙 필 고 기 가

레 27:3

循聖所權衡、
순 성 소 권 형

自二十歲至
자 이 십 세 지

六十歲者、
육 십 세 자

男五十舍客勒、
남 오 십 사 객 륵

레 27:4

女三十舍客勒、
녀 삼 십 사 객 륵

레 27:5

自五歲至
자 오 세 지

二十歲者、
이 십 세 자

男二十舍客勒、
남 이 십 사 객 륵

女十舍客勒、
녀 십 사 객 륵

레 27:6

自一月至五歲者、
자 일 월 지 오 세 자

男五舍客勒、
남 오 사 객 륵

女三舍客勒、
녀 삼 사 객 륵

레 27:7

自六十歲以上者、
자 육 십 세 이 상 자

男十五舍客勒、
남 십 오 사 객 륵

女十舍客勒、
녀 십 사 객 륵

레27:8

倘其人貧乏、
당 기 인 빈 핍

不能如價、
불 능 여 가

則宜攜至祭司前、
칙 의 휴 지 제 사 전

祭司視其力
제 사 시 기 력

以估之、○
이 고 지

레27:9

如以可獻之牲畜、
여 이 가 헌 지 생 축

許於耶和華、
허 어 야 화 화

則必以爲聖、
칙 필 이 위 성

레27:10

美惡毋相易、
미 악 무 상 역

如以此易彼、
여 이 차 역 피

則所許所易者、
칙 소 허 소 역 자

俱必爲聖、
구 필 위 성

레 27:11

如所許者、
여 소 허 자

爲不潔之畜、
위 불 결 지 축

不堪以獻耶和華、
불 감 이 헌 야 화 화

則必置之祭司前、
즉 필 치 지 제 사 전

레 27:12

祭司估其價、
제 사 고 기 가

或美或惡、
혹 미 혹 악

依其所估而定、
의 기 소 고 이 정

레 27:13

如欲贖之、
여 욕 속 지

必於所估之價、
필 어 소 고 지 가

加五分之一、○
가 오 분 지 일

레 27:14

如以第宅
여 이 제 댁

區別爲聖、
구 별 위 성

歸於耶和華、
귀 어 야 화 화

祭司必估其價、
제 사 필 고 기 가

或美或惡、
혹 미 혹 악

依其所估而定、
의 기 소 고 이 정

레 27:15

如欲贖之、
여 욕 속 지

必於所估之價、
필 어 소 고 지 가

加五分之一、
가 오 분 지 일

宅則歸己、○
댁 칙 귀 기

레 27:16

如以爲業之田
여 이 위 업 지 전

區別爲聖、
구 별 위 성

歸於耶和華、
귀 어 야 화 화

當視播種之多寡、
당 시 파 종 지 다 과

以估其價、
이 고 기 가

播大麥一賀梅
파 대 맥 일 하 매

爾者、
이 자

價値五十舍客勒、
가 치 오 십 사 객 륵

레 27:17

如其獻田自
여 기 헌 전 자

禧年始、
희 년 시

則爾所估之
칙 이 소 고 지

價爲定、
가 위 정

레 27:18

如其獻田在
여 기 헌 전 재

禧年後、
희 년 후

則祭司必核其後
칙 제 사 필 핵 기 후

至禧年之歲月、
지 희 년 지 세 월

以減其價、
이 감 기 가

레 27:19

如獻田者自
여 헌 전 자 자

欲贖之、
욕 속 지

當於所估之價、
당 어 소 고 지 가

加五分之一、
가 오 분 지 일

田則歸己、
전 칙 귀 기

레 27:20

如不贖之、
여 불 속 지

或鬻於他人、
혹 죽 어 타 인

則不可復贖、
칙 불 가 복 속

레 27:21

禧年旣居、
희 년 기 게

必以其田歸
필 이 기 전 귀

耶和華爲聖、
야 화 화 위 성

如永獻之地然、
여 영 헌 지 지 연

而爲祭司之業、
이 위 제 사 지 업

레 27:22

如以所購於人、
여 이 소 구 어 인

非其所受
비 기 소 수

爲業之田、
위 업 지 전

獻於耶和華爲聖、
헌 어 야 화 화 위 성

레 27:23

則祭司必依
칙 제 사 필 의

爾所估之價、
이 소 고 지 가

視禧年之
시 희 년 지

遠近而定、
원 근 이 정

是日彼以其金、
시 일 피 이 기 금

歸於耶和華爲聖、
귀 어 야 화 화 위 성

레 27:24

迨至禧年、
태 지 희 년

田歸鬻者、
전 귀 죽 자

卽其原主、
즉 기 원 주

레 27:25

凡爾所估之價、
범 이 소 고 지 가

必循聖所權衡、
필 순 성 소 권 형

二十季拉爲
이 십 계 랍 위

一舍客勒、
일 사 객 륵

레 27:26

惟首生之畜、
유 수 생 지 축

或牛或羊、
혹 우 혹 양

旣歸耶和華爲聖、
기 귀 야 화 화 위 성

不得再獻、
불 득 재 헌

乃屬於耶和華也、
내 속 어 야 화 화 야

레 27:27

若爲不潔之畜、
약 위 불 결 지 축

則必贖之、
칙 필 속 지

依爾所估之價、
의 이 소 고 지 가

加五分之一、
가 오 분 지 일

如其不贖、
여기불속

則依所估
칙의소고

而鬻之、○
이죽지

레27:28

凡獻於耶和華
범헌어야화화

之物、
지물

無論人畜田畝、
무론인축전무

俱不得鬻、
구불득죽

亦不得贖、
역불득속

凡所獻者、
범소헌자

乃爲至聖、
내위지성

屬於耶和華、
속어야화화

레27:29

凡當滅者、
범 당 멸 자

不可復贖、
불 가 복 속

必致之死、○
필 치 지 사

레 27:30

凡土所產、
범 토 소 산

無論地之穀、
무 론 지 지 곡

樹之果、
수 지 과

什一歸諸耶和華、
십 일 귀 제 야 화 화

是爲聖物、
시 위 성 물

레 27:31

所應輸之什一、
소 응 수 지 십 일

人欲贖之、
인 욕 속 지

必加五分之一、
필 가 오 분 지 일

레 27:32

牛羊過於杖下者、
우양과어장하자

必以什一歸諸
필이십일귀제

耶和華爲聖、
야화화위성

레 27:33

或美或惡、
혹미혹악

毋庸察、
무용찰

亦毋庸易、
역무용역

如其易之、
여기역지

則二者俱爲聖、
칙이자구위성

不得復贖、
불득복속

레 27:34

以上所載、
이상소재

乃耶和華在
내야화화재

西乃山、
서 내 산

諭摩西告以色列
유 마 서 고 이 색 열

族之誡命、
족 지 계 명

民數記 第一章
민 수 기 제 일 장

민 1:1

以色列族
이 색 열 족

出埃及後、
출 애 급 후

二年二月朔、
이 년 이 월 삭

耶和華在西乃野、
야 화 화 재 서 내 야

會幕中、
회 막 중

諭摩西曰、
유 마 서 왈

민 1:2

以色列會衆、
이 색 열 회 중

循其室家宗族、
순 기 실 가 종 족

凡諸丁男、
범 제 정 남

按名以核其數、
안 명 이 핵 기 수

민 1:3

自二十歲以上、
자 이 십 세 이 상

能臨陳之
능 림 진 지

以色列人、
이 색 열 인

爾及亞倫、
이 급 아 륜

當依其行
당 의 기 행

伍而計之、
오 이 계 지

민 1:4

每支派中、
매 지 파 중

當有一人偕爾、
당 유 일 인 해 이

爲其族長、
위 기 족 장

민 1:5

偕爾之人、
해 이 지 인

其名列下、
기 명 열 하

屬流便者、
속 류 편 자

示丟珥子以利蓿、
시 이 자 이 리 숙

민 1:6

屬西緬者、
속 서 면 자

蘇利沙代子
소 리 사 대 자

示路蔑、
시 로 멸

민 1:7

屬猶大者、
속 유 대 자

亞米拿達子拿順、
아 미 나 달 자 나 순

민 1:8

屬以薩迦者、
속 이 살 가 자

蘇押子拿坦業、
소 압 자 나 탄 업

민 1:9

屬西布倫者、
속 서 포 륜 자

希倫子以利押、
희 륜 자 이 리 압

민 1:10

約瑟之裔、
약 슬 지 예

屬以法蓮者、
속 이 법 련 자

亞米忽子
아 미 홀 자

以利沙瑪、
이 리 사 마

屬瑪拿西者、
속 마 나 서 자

比大蓿子迦瑪列、
비 대 숙 자 가 마 열

민 1:11

屬便雅憫者、
속 편 아 민 자

基多尼子亞比但、
기 다 니 자 아 비 단

민 1:12

屬但者、
속 단 자

亞米沙代子
아 미 사 대 자

亞希以謝、
아 희 이 사

민 1:13

屬亞設者、
속 아 설 자

俄蘭子帕結、
아 란 자 파 결

민 1:14

屬迦得者、
속 가 득 자

丟珥子以利雅薩、
이 자 이 리 아 살

민 1:15

屬拿弗他利者、
속 나 불 타 리 자

以南子亞希拉、
이 남 자 아 희 랍

민 1:16

此乃自會中所簡、
차내자회중소간

宗族之牧伯、
종족지목백

皆爲以色列
개위이색열

軍中之長、
군중지장

민1:17

以上所列諸名、
이상소열제명

摩西亞倫召之、
마서아륜소지

민1:18

二月朔、
이월삭

集會衆、
집회중

循其室家宗族、
순기실가종족

自二十歲以上、
자이십세이상

依其名數、
의기명수

述其譜系、
술기보계

민 1:19

摩西遵耶和華命、
마서준야화화명

在西乃野
재서내야

核其數、○
핵기수

민 1:20

以色列長子、
이색열장자

流便子孫、
류편자손

循其室家宗族、
순기실가종족

依其名數、
의기명수

自二十歲以上、
자이십세이상

凡諸丁男、
범제정남

能臨陳者、
능림진자

민 1:21

計四萬六千五百、
계 사 만 육 천 오 백

민 1:22

西緬子孫、
서 면 자 손

循其室家宗族、
순 기 실 가 종 족

依其名數、
의 기 명 수

自二十歲以上、
자 이 십 세 이 상

凡諸丁男、
범 제 정 남

能臨陳者、
능 림 진 자

민 1:23

計五萬九千三百、
계 오 만 구 천 삼 백

민 1:24

迦得子孫、
가 득 자 손

循其室家宗族、
순 기 실 가 종 족

依其名數、
의 기 명 수

自二十歲以上、
자 이 십 세 이 상
能臨陳者、
능 림 진 자

민 1:25
計四萬五千
계 사 만 오 천
六百五十、
육 백 오 십

민 1:26
猶大子孫、
유 대 자 손
循其室家宗族、
순 기 실 가 종 족
依其名數、
의 기 명 수
自二十歲以上、
자 이 십 세 이 상
能臨陳者、
능 림 진 자

민 1:27
計七萬四千六百、
계 칠 만 사 천 육 백

민 1:28

以薩迦子孫、
이 살 가 자 손

循其室家宗族、
순 기 실 가 종 족

依其名數、
의 기 명 수

自二十歲以上、
자 이 십 세 이 상

能臨陳者、
능 림 진 자

민 1:29

計五萬四千四百、
계 오 만 사 천 사 백

민 1:30

西布倫子孫、
서 포 륜 자 손

循其室家宗族、
순 기 실 가 종 족

依其名數、
의 기 명 수

自二十歲以上、
자 이 십 세 이 상

能臨陳者、
능 림 진 자

민 1:31

計五萬七千四百、
계 오 만 칠 천 사 백

민 1:32

約瑟之裔、
약 슬 지 예

以法蓮子孫、
이 법 련 자 손

循其室家宗族、
순 기 실 가 종 족

依其名數、
의 기 명 수

自二十歲以上、
자 이 십 세 이 상

能臨陣者、
능 림 진 자

민 1:33

計四萬有五百、
계 사 만 유 오 백

민 1:34

瑪拿西子孫、
마 나 서 자 손

循其室家宗族、
순 기 실 가 종 족

依其名數、
의 기 명 수

自二十歲以上、
자이십세이상

能臨陳者、
능림진자

민 1:35

計三萬二千二百、
계삼만이천이백

민 1:36

便雅憫子孫、
편아민자손

循其室家宗族、
순기실가종족

依其名數、
의기명수

自二十歲以上、
자이십세이상

能臨陳者、
능림진자

민 1:37

計三萬五千四百、
계삼만오천사백

민 1:38

但之子孫、
단지자손

循其室家宗族、
순 기 실 가 종 족

依其名數、
의 기 명 수

自二十歲以上、
자 이 십 세 이 상

能臨陳者、
능 림 진 자

민 1:39

計六萬二千七百、
계 육 만 이 천 칠 백

민 1:40

亞設子孫、
아 설 자 손

循其室家宗族、
순 기 실 가 종 족

依其名數、
의 기 명 수

自二十歲以上、
자 이 십 세 이 상

能臨陳者、
능 림 진 자

민 1:41

計四萬一千五百、
계 사 만 일 천 오 백

민 1:42

拿弗他利子孫、
나 불 타 리 자 손

循其室家宗族、
순 기 실 가 종 족

依其名數、
의 기 명 수

自二十歲以上、
자 이 십 세 이 상

能臨陣者、
능 림 진 자

민 1:43

計五萬三千四百、
계 오 만 삼 천 사 백

민 1:44

以上所載、
이 상 소 재

乃摩西亞倫與以色列
내 마 서 아 륜 여 이 색 열

之牧伯十二人、
지 목 백 십 이 인

各爲其宗族
각 위 기 종 족

所核計、
소 핵 계

민 1:45

以 色 列 人、
이 색 열 인

按 其 宗 族、
안 기 종 족

自 二 十 歲 以 上、
자 이 십 세 이 상

能 臨 陳 者、
능 림 진 자

민 1:46

綜 計 六 十 萬 三
종 계 육 십 만 삼

千 五 百 五 十 人、
천 오 백 오 십 인

민 1:47

利 未 宗 族、
리 미 종 족

不 列 其 數、
불 열 기 수

민 1:48

蓋 耶 和 華 曾
개 야 화 화 증

諭 摩 西 曰、
유 마 서 왈

민 1:49

利未支派勿核、
리 미 지 파 물 핵

勿與以色列
물 여 이 색 열

族同計其數、
족 동 계 기 수

민 1:50

必立之以理法幕、
필 립 지 이 리 법 막

及其器皿、
급 기 기 명

與其所有、
여 기 소 유

彼必舁幕曁器、
피 필 여 막 기 기

供役其中、
공 역 기 중

四周建營、
사 주 건 영

민 1:51

徙幕時、
사 막 시

利未人撤之、
리 미 인 철 지

張幕時、
장막시

利未人立之、
리미인립지

外人近其側、
외인근기측

必致之死、
필치지사

민1:52

以色列衆張幕、
이색열중장막

各在其營、
각재기영

各循其纛、
각순기독

各依其伍、
각의기오

민1:53

惟利未人建營、
유리미인건영

當環法幕、
당환법막

免以色列
면이색열

會衆干怒、
회중간노

守衛法幕、
수위법막

乃利未人之責任、
내리미인지책임

민 1:54

以色列族、
이색열족

遵耶和華所諭
준야화화소유

摩西之命而行、
마서지명이행

民數記 第二章
민수기 제이장

민 2:1

耶和華諭摩西
야화화유마서

亞倫曰、
아륜왈

민 2:2

以色列族建營、
이색열족건영

當各隨其纛、
당각수기독

附宗族之旆、
부 종 족 지 패

在會幕四周、
재 회 막 사 주

민 2:3

東方日出之所、
동 방 일 출 지 소

凡隸猶大營之
범 례 유 대 영 지

纛者、
독 자

按其行伍建營、
안 기 행 오 건 영

亞米拿達子拿順
아 미 나 달 자 나 순

爲其牧伯、
위 기 목 백

민 2:4

彼之軍旅、
피 지 군 려

見核者、
견 핵 자

計七萬四千六百、
계 칠 만 사 천 육 백

민 2:5

以薩迦支派附之
이 살 가 지 파 부 지

建營、
건 영

蘇押子拿坦業爲
소 압 자 나 탄 업 위

其牧伯、
기 목 백

민 2:6

彼之軍旅、
피 지 군 려

見核者、
견 핵 자

計五萬四千四百、
계 오 만 사 천 사 백

민 2:7

西布倫支派次之、
서 포 륜 지 파 차 지

希倫子以利押爲
희 륜 자 이 리 압 위

其牧伯、
기 목 백

민 2:8

彼之軍旅、
피 지 군 려

見核者、
견 핵 자

計五萬七千四百、
계 오 만 칠 천 사 백

민2:9

凡隸猶大營者、
범 례 유 대 영 자

按其行伍、
안 기 행 오

綜計十八萬六千
종 계 십 팔 만 육 천

四百、
사 백

是爲前隊、○
시 위 전 대

민2:10

南方有流便營
남 방 유 류 편 영

之纛、
지 독

按其行伍、
안 기 행 오

示丟珥子以利蓿
시 이 자 이 리 숙

爲其牧伯、
위 기 목 백

민2:11

彼之軍旅、
피 지 군 려

見核者、
견 핵 자

計四萬六千五百、
계 사 만 육 천 오 백

민2:12

西緬支派附之
서 면 지 파 부 지

建營、
건 영

蘇利沙代子示路
소 리 사 대 자 시 로

蔑爲其牧伯、
멸 위 기 목 백

민2:13

彼之軍旅、
피 지 군 려

見核者、
견 핵 자

計五萬九千三百、
계 오 만 구 천 삼 백

민2:14

迦得支派次之、
가 득 지 파 차 지

丟珥子以利雅薩
이 자 이 리 아 살

爲其牧伯、
위 기 목 백

민2:15

彼之軍旅、
피 지 군 려

見核者、
견 핵 자

計四萬五千六百
계 사 만 오 천 육 백

五十、
오 십

민2:16

凡隸流便營者、
범 례 류 편 영 자

按其行伍、
안 기 행 오

綜計十五萬一千
종 계 십 오 만 일 천

四百五十、
사 백 오 십

是爲二隊、○
시 위 이 대

민2:17
隨後會幕啟行、
수 후 회 막 계 행
利未營在諸營
리 미 영 재 제 영
之中、
지 중
其啟行也、
기 계 행 야
依其建營之序、
의 기 건 영 지 서
各歸其隊、
각 귀 기 대
各隨其纛、○
각 수 기 독

민2:18
西方有以法蓮營
서 방 유 이 법 련 영
之纛、
지 독
按其行伍、
안 기 행 오

亞米忽子以利沙
아미훌자이리사

瑪爲其牧伯、
마위기목백

민 2:19

彼之軍旅、
피지군려

見核者、
견핵자

計四萬有五百、
계사만유오백

민 2:20

瑪拿西支派附
마나서지파부

之建營、
지건영

比大蓿子迦瑪列
비대숙자가마열

爲其牧伯、
위기목백

민 2:21

彼之軍旅、
피지군려

見核者、
견핵자

計 三 萬 二 千 二 百、
계 삼 만 이 천 이 백

민 2:22
便 雅 憫 支 派 次 之、
편 아 민 지 파 차 지
基 多 尼 子 亞 比 但
기 다 니 자 아 비 단
爲 其 牧 伯、
위 기 목 백

민 2:23
彼 之 軍 旅、
피 지 군 려
見 核 者、
견 핵 자
計 三 萬 五 千 四 百、
계 삼 만 오 천 사 백

민 2:24
凡 隷 以 法 蓮 營 者、
범 례 이 법 련 영 자
按 其 行 伍、
안 기 행 오
綜 計 十 萬
종 계 십 만
八 千 一 百、
팔 천 일 백

是爲三隊、○
시 위 삼 대

민2:25
北方有但營之纛、
북 방 유 단 영 지 독
按其行伍、
안 기 행 오
亞米沙代子亞希
아 미 사 대 자 아 희
以謝爲其牧伯、
이 사 위 기 목 백

민2:26
彼之軍旅、
피 지 군 려
見核者、
견 핵 자
計六萬二千七百、
계 육 만 이 천 칠 백

민2:27
亞設支派附之
아 설 지 파 부 지
建營、
건 영
俄蘭子帕結爲
아 란 자 파 결 위

其牧伯、
기 목 백

민 2:28

彼之軍旅、
피 지 군 려

見核者、
견 핵 자

計四萬一千五百、
계 사 만 일 천 오 백

민 2:29

拿弗他利支派
나 불 타 리 지 파

次之、
차 지

以南子亞希拉
이 남 자 아 희 랍

爲其牧伯、
위 기 목 백

민 2:30

彼之軍旅、
피 지 군 려

見核者、
견 핵 자

計五萬三千四百、
계 오 만 삼 천 사 백

민 2:31

凡隷但之營者、
범 례 단 지 영 자

按其行伍、
안 기 행 오

綜計十五萬
종 계 십 오 만

七千六百、
칠 천 육 백

是爲後隊、
시 위 후 대

隨纛而行、○
수 독 이 행

민 2:32

以上所載、
이 상 소 재

乃以色列人循
내 이 색 열 인 순

其宗族、
기 종 족

按其行伍、
안 기 행 오

諸營見核者、
제 영 견 핵 자

綜計六十萬三
종 계 육 십 만 삼

千五百五十、
천 오 백 오 십

민2:33

利未族不列其數、
리 미 족 불 열 기 수

遵耶和華所諭
준 야 화 화 소 유

摩西之命、
마 서 지 명

민2:34

以色列族各隨
이 색 열 족 각 수

其纛以建營、
기 독 이 건 영

循其室家宗族
순 기 실 가 종 족

而啟行、
이 계 행

悉遵耶和華所
실 준 야 화 화 소

諭摩西之命、
유 마 서 지 명

民數記 第三章
민수기 제삼장

민 3:1

耶和華在西乃山
야화화재서내산

諭摩西時、
유미서시

亞倫摩西之
아륜마서지

裔如左、
예여좌

민 3:2

亞倫之子、
아륜지자

長拿答、
장나답

次亞比戶、
차아비호

以利亞撒、
이리아살

以他瑪、
이타마

민 3:3

彼之諸子、
피지제자

咸沐以膏、
함목이고

摩西區別之、
마서구별지

俾任祭司職、
비임제사직

민 3:4

拿答亞比戶
나답아비호

在西乃野、
재서내야

以不聖之火
이불성지화

獻耶和華、
헌야화화

故死於其前、
고사어기전

二人無子、
이인무자

以利亞撒以他瑪
이리아살이타마

在父亞倫前、
재부아륜전

供祭司之職、 ○
공제사지직

민 3:5

耶和華諭摩西曰、
야 화 화 유 마 서 왈

민 3:6

使利未族近前、
사 리 미 족 근 전

立於祭司亞倫前、
립 어 제 사 아 륜 전

而服事之、
이 복 사 지

민 3:7

爲亞倫及會衆、
위 아 륜 급 회 중

供其役事於幕、
공 기 역 사 어 막

민 3:8

守會幕之器、
수 회 막 지 기

爲以色列族供
위 이 색 열 족 공

其役事於幕、
기 역 사 어 막

민 3:9

必以利未人畀
필 이 리 미 인 비

亞倫及其子、
아 륜 급 기 자

蓋彼自以色列
개 피 자 이 색 열

族中、
족 중

歸於亞倫、
귀 어 아 륜

민3:10

惟立亞倫及
유 립 아 륜 급

其子爲祭司、
기 자 위 제 사

以守厥職、
이 수 궐 직

外人近會幕、
외 인 근 회 막

必致之死、○
필 치 지 사

민3:11

耶和華諭摩西曰、
야 화 화 유 마 서 왈

민3:12

我自以色列族中、
아 자 이 색 열 족 중

取利未人、
취 리 미 인

代以色列族
대 이 색 열 족

初胎之男、
초 태 지 남

故利未人屬我、
고 리 미 인 속 아

민 3:13

蓋首生者、
개 수 생 자

悉屬於我、
실 속 어 아

昔在埃及戮
석 재 애 급 륙

其首生者時、
기 수 생 자 시

我取以色列
아 취 이 색 열

族之首生者、
족 지 수 생 자

或人或畜、
혹 인 혹 축

區別爲聖、
구 별 위 성

以歸於我、
이귀어아

我乃耶和華也、○
아내야화화야

민 3:14

耶和華在西乃野、
야화화재서내야

諭摩西曰、
유마서왈

민 3:15

當循利未人
당순리미인

之室家宗族、
지실가종족

而核其數、
이핵기수

凡諸丁男、
범제정남

自一月以
자일월이

上者核之、
상자핵지

민 3:16

摩西遵耶和華
마서준야화화

命而核之、
명 이 핵 지

민3:17

利未諸子
리 미 제 자

之名如左、
지 명 여 좌

革順、
혁 순

哥轄、
가 할

米拉利、
미 랍 리

민3:18

革順之子、
혁 순 지 자

循其室家、
순 기 실 가

其名立尼、
기 명 립 니

示每、
시 매

민3:19

哥轄之子、
가 할 지 자

循其室家、
순 기 실 가

其名暗蘭、
기 명 암 란

以斯哈、
이 사 합

希伯倫、
희 백 륜

烏薛、
오 설

민3:20

米拉利之子、
미 랍 리 지 자

循其室家、
순 기 실 가

其名抹利、
기 명 말 리

母示、
모 시

斯乃利未室家、
사 내 리 미 실 가

循其宗族、○
순 기 종 족

민3:21

屬革順者、
속 혁 순 자

有立尼示
유 립 니 시

每室家二、
매 실 가 이

민 3:22

見核丁男、
견 핵 정 남

自一月以上、
자 일 월 이 상

計七千五百、
계 칠 천 오 백

민 3:23

於幕之後、
어 막 지 후

西向建營、
서 향 건 영

민 3:24

拉伊勒子以利
랍 이 륵 자 이 리

亞薩、
아 살

爲革順族之牧伯、
위 혁 순 족 지 목 백

민 3:25

革順子孫、
혁순자손

於會幕中
어회막중

所當守者、
소당수자

幕與帷、
막여유

及其幬、
급기주

會幕門幰、
회막문

민 3:26

幕壇四周之院帷、
막단사주지원유

及院門之幰、
급원문지

曁所用之索、○
기소용지색

민 3:27

屬哥轄者、
속가할자

有暗蘭、
유암란

以斯哈、
이 사 합

希伯倫、
희 백 륜

烏薛室家四、
오 설 실 가 사

민 3:28

見核丁男、
견 핵 정 남

自一月以上、
자 일 월 이 상

計八千六百、
계 팔 천 육 백

以守聖所、
이 수 성 소

민 3:29

於幕南向建營、
어 막 남 향 건 영

민 3:30

烏薛子以利撒反、
오 설 자 이 리 살 반

爲哥轄族之牧伯、
위 가 할 족 지 목 백

민 3:31

哥轄人所當守者、
가 할 인 소 당 수 자

匱、
궤

案、
안

燈臺暨壇、
등 대 기 단

及聖所所用之器、
급 성 소 소 용 지 기

慊與屬慊之物、
여 속 지 물

민 3:32

祭司亞倫子
제 사 아 륜 자

以利亞撒、
이 리 아 살

爲利未族
위 리 미 족

牧伯之長、
목 백 지 장

統理守聖所
통 리 수 성 소

之人、○
지 인

민3:33

屬米拉利者、
속미랍리자

有抹利母
유말리모

示室家二、
시실가이

민3:34

見核丁男、
견핵정남

自一月以上、
자일월이상

計六千二百、
계육천이백

민3:35

於幕北向建營、
어막북향건영

亞比亥子蘇列、
아비해자소열

爲米拉利二
위미랍리이

室家之牧伯、
실가지목백

민3:36

米拉利子孫之職、
미랍리자손지직

乃守會幕之板、
내 수 회 막 지 판

楗、
건

柱、
주

座、
좌

與所用之器皿、
여 소 용 지 기 명

민 3:37

及院四周之柱、
급 원 사 주 지 주

座、
좌

釘、
정

索、
색

민 3:38

摩西亞倫及
마 서 아 륜 급

亞倫子、
아 륜 자

乃於幕前、
내어막전

東向建營、
동향건영

守衛聖所、
수위성소

以代以色列
이대이색열

族之任、
족지임

外人近前、
외인근전

必致之死、
필치지사

민 3:39

摩西亞倫遵
마서아륜준

耶和華命、
야화화명

核利未人數、
핵리미인수

依其室家、
의기실가

凡諸丁男、
범제정남

自 一 月 以 上、
자 일 월 이 상

計 二 萬 二 千、○
계 이 만 이 천

민 3:40

耶 和 華 諭 摩 西 曰、
야 화 화 유 마 서 왈

以 色 列 族
이 색 열 족

首 生 之 男、
수 생 지 남

自 一 月 以
자 일 월 이

上 者 核 之、
상 자 핵 지

記 其 名 數、
기 기 명 수

민 3:41

我 乃 耶 和 華、
아 내 야 화 화

當 取 利 未 人 歸 我、
당 취 리 미 인 귀 아

代 以 色 列 族
대 이 색 열 족

首生之男、
수 생 지 남

並取利未人之畜、
병 취 리 미 인 지 축

代以色列族
대 이 색 열 족

首生之畜、
수 생 지 축

민 3:42

摩西循耶和華
마 서 순 야 화 화

命爲以色列
명 위 이 색 열

族首生之男、
족 수 생 지 남

核計其數、
핵 계 기 수

민 3:43

按名見核者、
안 명 견 핵 자

自一月以上、
자 일 월 이 상

計二萬二千二
계 이 만 이 천 이

百七十三、○
백 칠 십 삼

민 3:44

耶和華諭摩西曰、
야 화 화 유 마 서 왈

민 3:45

取利未人、
취 리 미 인

代以色列族
대 이 색 열 족

首生之男、
수 생 지 남

取利未人之畜、
취 리 미 인 지 축

代其首生之畜、
대 기 수 생 지 축

使利未人歸我、
사 리 미 인 귀 아

我乃耶和華也、
아 내 야 화 화 야

민 3:46

以色列族
이 색 열 족

首生之男、
수 생 지 남

其數較諸利未人、
기 수 교 제 리 미 인
多二百七十三人、
다 이 백 칠 십 삼 인
俱當贖之、
구 당 속 지

민3:47

宜爲各人取
의 위 각 인 취
金五舍客勒、
금 오 사 객 륵
循聖所權衡、
순 성 소 권 형
一舍客勒卽
일 사 객 륵 즉
二十季拉、
이 십 계 랍

민3:48

以此贖金、
이 차 속 금
歸亞倫及其子、
귀 아 륜 급 기 자

민3:49 — 50

利未人所
리 미 인 소

贖者之外、
속 자 지 외

摩西由以色列
마 서 유 이 색 열

族首生之男、
족 수 생 지 남

取其贖金、
취 기 속 금

計一千三百六
계 일 천 삼 백 육

十五舍客勒、
십 오 사 객 륵

依聖所權衡、
의 성 소 권 형

민 3:51

以與亞倫及其子、
이 여 아 륜 급 기 자

循耶和華所命、
순 야 화 화 소 명

民數記 第四章
민 수 기 제 사 장

민 4:1

耶 和 華 諭 摩 西
야 화 화 유 마 서

亞 倫 曰、
아 륜 왈

민 4:2

利 未 族 中、
리 미 족 중

哥 轄 子 孫、
가 할 자 손

當 核 其 數 循 其
당 핵 기 수 순 기

室 家 宗 族、
실 가 종 족

민 4:3

自 三 十 歲 至 五 十、
자 삼 십 세 지 오 십

凡 任 職 從 事 於
범 임 직 종 사 어

會 幕 者 核 之、
회 막 자 핵 지

민 4:4

哥 轄 子 孫、
가 할 자 손

於 會 幕 所 供 役 者、
어 회 막 소 공 역 자

乃至聖之什物、
내 지 성 지 십 물

민 4:5

移營之時、
이 영 지 시

亞倫及其子宜入、
아 륜 급 기 자 의 입

撤幪以掩法匱、
철 이 엄 법 궤

민 4:6

施獺皮其上、
시 달 피 기 상

覆以純藍之布、
복 이 순 람 지 포

而貫其杠、
이 관 기 강

민 4:7

陳餅之几、
진 병 지 궤

覆以藍布、
복 이 람 포

盤匙與灌奠
반 시 여 관 전

之盂盃、
지 우 배

及恆陳之餠、
급 긍 진 지 병

悉置其上、
실 치 기 상

민 4:8

覆以紫布、
복 이 자 포

蓋以獺皮、
개 이 달 피

而貫其杠、
이 관 기 강

민 4:9

以藍布蓋燈臺、
이 람 포 개 등 대

及盞剪盤、
급 잔 전 반

與所用之油器、
여 소 용 지 유 기

민 4:10

覆以獺皮、
복 이 달 피

悉置於架、
실 치 어 가

민 4:11

以藍布覆金壇、
이 람 포 복 금 단

蓋以獺皮、
개 이 달 피

而貫其杠、
이 관 기 강

민 4:12

聖所供事之器、
성 소 공 사 지 기

裹以藍布、
과 이 람 포

蓋以獺皮、
개 이 달 피

悉置於架、
실 치 어 가

민 4:13

祭壇之灰必棄、
제 단 지 회 필 기

覆以紫布、
복 이 자 포

민 4:14

火鼎、
화 정

鈎、
구

鏟、
산

盆、
분

及凡屬壇之器、
급범속단지기

悉置其上、
실치기상

蓋以獺皮、
개이달피

而貫其杠、
이관기강

민4:15

移營之時、
이영지시

亞倫及其子、
아륜급기자

蓋聖所諸器已畢、
개성소제기이필

哥轄子孫、
가할자손

則前以舁、
칙전이여

惟不可捫聖物、
유불가문성물

免其死亡、
면기사망

此乃哥轄子孫、
차내가할자손

在會幕之職任、
재회막지직임

민 4:16

祭司亞倫子以利
제사아륜자이리

亞撒所守者、
아살소수자

乃燈油、
내등유

芳品、
방품

日獻之素祭、
일헌지소제

及膏、
급고

統理會幕、
통리회막

曁其中所有、
기기중소유

聖所與其器、
성소여기기

민4:17

耶和華諭摩西
야 화 화 유 마 서

亞倫曰、
아 륜 왈

민4:18

勿絕哥轄族於
물 절 가 할 족 어

利未族中、
리 미 족 중

민4:19

彼衆近至聖
피 중 근 지 성

之物時、
지 물 시

亞倫及其子、
아 륜 급 기 자

當入聖室、
당 입 성 실

定衆所役所荷、
정 중 소 역 소 하

如是而行、
여 시 이 행

俾其仍可生存、
비 기 잉 가 생 존

不致死亡、
불 지 사 망

민 4:20
惟哥轄人、
유 가 할 인
須臾勿入
수 유 물 입
聖所以觀、
성 소 이 관
免其死亡、○
면 기 사 망

민 4:21
耶和華諭摩西曰、
야 화 화 유 마 서 왈

민 4:22
革順子孫、
혁 순 자 손
宜核其數、
의 핵 기 수
循其室家宗族、
순 기 실 가 종 족

민 4:23
自三十歲至五十、
자 삼 십 세 지 오 십

凡任職從事於
범 임 직 종 사 어
會幕者核之、
회 막 자 핵 지

민 4:24
革順人之供役、
혁 순 인 지 공 역
與其負荷如左、
여 기 부 하 여 좌

민 4:25
會幕與帷、
회 막 여 유
及幬、
급 주
在上之獺皮、
재 상 지 달 피
幕門之幰、
막 문 지

민 4:26
幕壇四周之院帷、
막 단 사 주 지 원 유
及院門之幰、
급 원 문 지
與所有供事之器、
여 소 유 공 사 지 기

彼經理之、
피 경 리 지

민 4:27

革順人之供役、
혁 순 인 지 공 역

與其負荷、
여 기 부 하

悉從亞倫及其
실 종 아 룬 급 기

子之命、
자 지 명

彼之所荷、
피 지 소 하

令其監守、
령 기 감 수

민 4:28

此乃革順族
차 내 혁 순 족

之室家、
지 실 가

在會幕之職任、
재 회 막 지 직 임

祭司亞倫子以
제 사 아 룬 자 이

他瑪統理之、○
타 마 통 리 지

민 4:29

米拉利子孫、
미 랍 리 자 손

宜核其數、
의 핵 기 수

循其室家宗族、
순 기 실 가 종 족

민 4:30

自三十歲至五十、
자 삼 십 세 지 오 십

凡任職從事於
범 임 직 종 사 어

會幕者核之、
회 막 자 핵 지

민 4:31

彼於會幕供役、
피 어 회 막 공 역

所當守者、
소 당 수 자

幕之板楗柱座、
막 지 판 건 주 좌

민 4:32

院四周之柱
원사주지주
座釘索、
좌정색
與供事之器、
여공사지기
皆按名指定之、
개안명지정지

민 4:33

此乃米拉利族
차내미랍리족
之室家、
지실가
在會幕之職任、
재회막지직임
祭司亞倫子以
제사아륜자이
他瑪統理之、○
타마통리지

민 4:34

摩西亞倫及
마서아륜급
會衆之牧伯、
회중지목백

核數哥轄子孫、
핵 수 가 할 자 손

循其室家宗族、
순 기 실 가 종 족

민 4:35

自三十歲至五十、
자 삼 십 세 지 오 십

凡任職從事於
범 임 직 종 사 어

會幕者、
회 막 자

민 4:36

計二千七百五十、
계 이 천 칠 백 오 십

민 4:37

摩西亞倫遵耶和華
마 서 아 륜 준 야 화 화

所諭摩西之命、
소 유 마 서 지 명

核數哥轄子孫、
핵 수 가 할 자 손

凡從事於會幕者、
범 종 사 어 회 막 자

其數卽此、○
기 수 즉 차

민 4:38

革順子孫、
혁 순 자 손

循其室家宗族、
순 기 실 가 종 족

민 4:39

自三十歲至五十、
자 삼 십 세 지 오 십

凡任職從事於
범 임 직 종 사 어

會幕者、
회 막 자

민 4:40

計二千六百三十、
계 이 천 육 백 삼 십

민 4:41

摩西亞倫遵
마 서 아 륜 준

耶和華命、
야 화 화 명

核數革順子孫、
핵 수 혁 순 자 손

凡從事於會幕者、
범 종 사 어 회 막 자

其數卽此、○
기 수 즉 차

민4:42
米拉利子孫、
미 랍 리 자 손
循其室家宗族、
순 기 실 가 종 족

민4:43
自三十歲至五十、
자 삼 십 세 지 오 십
凡任職從事於
범 임 직 종 사 어
會幕者、
회 막 자

민4:44
計三千二百、
계 삼 천 이 백

민4:45
摩西亞倫遵耶和華
마 서 아 륜 준 야 화 화
所諭摩西之命、
소 유 마 서 지 명
核數米拉利子孫、
핵 수 미 랍 리 자 손

其數卽此、○
기 수 즉 자

민 4:46

摩西亞倫及
마 서 아 륜 급

以色列牧伯、
이 색 열 목 백

核數利未人、
핵 수 리 미 인

循其室家宗族、
순 기 실 가 종 족

민 4:47

自三十歲至五十、
자 삼 십 세 지 오 십

凡任職從事
범 임 직 종 사

於會幕、
어 회 막

而負重者、
이 부 중 자

민 4:48

共計八千
공 계 팔 천

五百八十、
오 백 팔 십

민 4:49
摩西循其供
마서순기공
役負荷、
역부하
而核數之、
이핵수지
悉遵耶和華命、
실준야화화명

民數記 第五章
민수기 제오장

민 5:1
耶和華諭摩西曰、
야화화유마서왈

민 5:2
命以色列族云、
명이색열족운
凡患癩疾、
범환라질
白濁、
백탁
及捫尸蒙汚之人、
급문시몽오지인

민 5:3

無論男女、
무론남녀

悉當出之、
실당출지

屛於營外、
병어영외

免汚其營、
면오기영

我所居者、
아소거자

민 5:4

以色列族遵耶和華
이색열족준야화화

所諭摩西之命、
소유마서지명

出之營外、○
출지영외

민 5:5

耶和華諭摩西曰、
야화화유마서왈

민 5:6

告以色列族云、
고이색열족운

如男女蹈愆、
여남녀도건

干犯耶和華、
간 범 야 화 화

自取罪戾、
자 취 죄 려

민 5:7

當認其過、
당 인 기 과

盡償所負、
진 상 소 부

加五分之一、
가 오 분 지 일

與所負之人、
여 소 부 지 인

민 5:8

倘欲償之、
당 욕 상 지

而其人無戚屬、
이 기 인 무 척 속

則宜償於耶和華、
칙 의 상 어 야 화 화

而歸於祭司、
이 귀 어 제 사

此外、
차 외

亦獻牡綿羊爲祭、
역헌모면양위제
以贖其罪、
이속기죄

민5:9
以色列族
이색열족
所有擧祭、
소유거제
奉於祭司者、
봉어제사자
必歸祭司、
필귀제사

민5:10
人所獻之聖物、
인소헌지성물
必歸祭司、
필귀제사
凡與祭司者、
범여제사자
必歸之、○
필귀지

민5:11
耶和華諭摩西曰、
야화화유마서왈

민5:12

告以色列族云、
고 이 색 열 족 운

如人之妻、
여 인 지 처

有違婦道、
유 위 부 도

獲罪於夫、
획 죄 어 부

민5:13

與人有私、
여 인 유 사

以玷其身、
이 점 기 신

事屬隱祕、
사 속 은 비

夫不及知、
부 불 급 지

無人爲證、
무 인 위 증

亦未被執、
역 미 피 집

민5:14

其夫若生疑忌、
기 부 약 생 의 기

無論婦之
무론부지

有玷與否、
유점여부

민 5:15

必攜其妻詣祭司、
필휴기처예제사

以麰麥麪伊法
이모맥면이법

十分之一、
십분지일

奉爲禮物、
봉위예물

勿傾以油、
물경이유

勿加乳香、
물가유향

乃爲疑忌而獻
내위의기이헌

之素祭、
지소제

俾念罪愆、
비념죄건

민 5:16

祭司必使婦進而
제 사 필 사 부 진 이

立於耶和華前、
립 어 야 화 화 전

민 5:17

以瓦器盛聖水、
이 와 기 성 성 수

取幕地之塵、
취 막 지 지 진

置於水中、
치 어 수 중

민 5:18

婦旣立於
부 기 립 어

耶和華前、
야 화 화 전

祭司必散其髮、
제 사 필 산 기 발

取爲疑忌而
취 위 의 기 이

獻之素祭、
헌 지 소 제

俾念罪愆者、
비 념 죄 건 자

置於其手、
치 어 기 수

祭司執致
제 사 집 치

詛之苦水、
저 지 고 수

민5:19

令婦發誓、
령 부 발 서

謂之曰、
위 지 왈

如爾未私於人、
여 이 미 사 어 인

未嘗背夫
미 상 배 부

而行穢事、
이 행 예 사

則願爾免此
칙 원 이 면 차

致詛苦水之害、
치 저 고 수 지 해

민5:20

如爾背夫
여 이 배 부

而行穢事、
이 행 예 사

有私於人、
유 사 어 인

爲人所玷、
위 인 소 점

민 5:21

則可發誓、
칙 가 발 서

願耶和華使
원 야 화 화 사

汝見詛於民中、
여 견 저 어 민 중

髀消腹鼓、
비 소 복 고

민 5:22

此致詛之苦水、
차 치 저 지 고 수

將入汝腸、
장 입 여 장

令汝髀消腹鼓、
령 여 비 소 복 고

婦宜曰、
부 의 왈

阿們、
아 문

阿們、
아 문

민 5:23

祭司必書
제 사 필 서

此詛於簡、
차 저 어 간

塗其文於苦水、
도 기 문 어 고 수

민 5:24

令婦飮此
령 부 음 차

致詛之水、
치 저 지 수

入腹爲苦、
입 복 위 고

민 5:25

祭司遂自婦手、
제 사 수 자 부 수

取爲疑忌而
취 위 의 기 이

獻之素祭、
헌 지 소 제

搖於耶和華前、
요 어 야 화 화 전

攜以詣壇、
휴 이 예 단

민 5:26

於其中取一握、
어 기 중 취 일 악

以爲記誌、
이 위 기 지

焚之於壇、
분 지 어 단

然後使婦飮水、
연 후 사 부 음 수

민 5:27

旣飮之後、
기 음 지 후

如婦被玷、
여 부 피 점

獲罪於夫、
획 죄 어 부

則致詛之水、
칙 치 저 지 수

入其腹而爲苦、
입 기 복 이 위 고

使其腹鼓髀消、
사 기 복 고 비 소

見詛於民中、
견 저 어 민 중

민 5:28

如婦潔清無玷、
여 부 결 청 무 점

則免罪戾、
칙 면 죄 려

而能懷姙、
이 능 회 임

민 5:29

此乃婦旣有夫、
차 내 부 기 유 부

而違婦道、
이 위 부 도

玷及其身、
점 급 기 신

則夫懷疑而
칙 부 회 의 이

忌其婦之法、
기 기 부 지 법

민 5:30

置婦於耶和華前、
치 부 어 야 화 화 전

祭司遵法而行、
제 사 준 법 이 행

민 5:31
夫則無愆、
부 칙 무 건
婦有罪則負之、
부 유 죄 칙 부 지

民數記 第六章
민 수 기 제 륙 장

민 6:1
耶和華諭摩西曰、
야 화 화 유 마 서 왈

민 6:2
告以色列族云、
고 이 색 열 족 운
如男女許願
여 남 녀 허 원
爲拿細耳人、
위 나 세 이 인
自爲區別、
자 위 구 별
歸於耶和華、
귀 어 야 화 화

민 6:3

清酒醇醪、
청 주 순 료

必戒之、
필 계 지

清酒醇醪
청 주 순 료

所釀之醯、
소 양 지 혜

及葡萄汁、
급 포 도 즙

均勿飮、
균 물 음

葡萄或鮮或乾、
포 도 혹 선 혹 건

均勿食、
균 물 식

민 6:4

自爲區別時、
자 위 구 별 시

葡萄樹所產、
포 도 수 소 산

自實及皮、
자 실 급 피

均不可食、
균 불 가 식

민 6:5

既自許願區別、
기 자 허 원 구 별

薙髮之刀、
치 발 지 도

勿加於首、
물 가 어 수

迨區別歸於
태 구 별 귀 어

耶和華之日既盈、
야 화 화 지 일 기 영

彼必爲聖、
피 필 위 성

當留其髮、
당 류 기 발

민 6:6

自爲區別、
자 위 구 별

歸於耶和華時、
귀 어 야 화 화 시

毋近尸側、
무 근 시 측

민 6:7

既已留髮、
기 이 류 발

顯其歸於祆上帝、
현 기 귀 어 천 상 제

雖其父母
수 기 부 모

兄弟姊妹死、
형 제 자 매 사

毋爲之蒙不潔、
무 위 지 몽 불 결

민 6:8

自爲區別時、
자 위 구 별 시

彼歸耶和華爲聖、
피 귀 야 화 화 위 성

민 6:9

倘有人猝死其側、
당 유 인 졸 사 기 측

致首蒙污、
치 수 몽 오

必待七日
필 대 칠 일

而後爲潔、
이 후 위 결

是日薙髮、
시 일 치 발

민 6:10

越至八日、
월 지 팔 일
擕鳲鳩二、
휴 시 구 이
或雛鴿二、
혹 추 합 이
至會幕門、
지 회 막 문
付於祭司、
부 어 제 사

민 6:11
祭司獻之、
제 사 헌 지
一爲贖罪祭、
일 위 속 죄 제
一爲燔祭、
일 위 번 제
贖其近尸之罪、
속 기 근 시 지 죄
卽日俾首成潔、
즉 일 비 수 성 결

민 6:12
自爲區別時、
자 위 구 별 시

因其蒙汚、
인 기 몽 오

宜復區別、
의 복 구 별

歸於耶和華、
귀 어 야 화 화

攜一歲之牡羔一、
휴 일 세 지 모 고 일

爲補過祭、
위 보 과 제

旣往之日、
기 왕 지 일

乃爲虛度、○
내 위 허 도

민6:13

爲拿細耳人者、
위 나 세 이 인 자

所許之日旣盈、
소 허 지 일 기 영

其例如左、
기 례 여 좌

當攜之至
당 휴 지 지

會幕門前、
회 막 문 전

민6:14

獻禮物於耶和華、
헌 예 물 어 야 화 화

一歲之牡羔一、
일 세 지 모 고 일

爲燔祭、
위 번 제

一歲之牝羔一、
일 세 지 빈 고 일

爲贖罪祭、
위 속 죄 제

牡綿羊一、
모 면 양 일

爲酬恩祭、
위 수 은 제

俱須無疵、
구 수 무 자

민6:15

暨無酵餅一筐、
기 무 효 병 일 광

和油之細麪餅、
화 유 지 세 면 병

抹油之無酵薄餅、
말 유 지 무 효 박 병

及相隨之
급 상 수 지

素祭灌祭、
소제관제

민6:16
祭司取而奉於
제사취이봉어
耶和華前、
야화화전
爲之獻贖罪祭、
위지헌속죄제
及燔祭、
급번제

민6:17
亦獻牡綿羊、
역헌모면양
爲酬恩祭、
위수은제
並獻無酵餠一筐、
병헌무효병일광
與相隨之
여상수지
素祭灌祭、
소제관제

민6:18
拿細耳人於
나세이인어

會幕門、
회 막 문

必薙其區別之髮、
필 치 기 구 별 지 발

投於酬恩祭
투 어 수 은 제

下之火、
하 지 화

민6:19

旣薙之後、
기 치 지 후

祭司取所烹
제 사 취 소 팽

之羊肩、
지 양 견

與筐中之
여 광 중 지

無酵餠一、
무 효 병 일

無酵薄餠一、
무 효 박 병 일

付於拿細
부 어 나 세

耳人之手、
이 인 지 수

민6:20

祭司必搖於
제 사 필 요 어

耶和華前、
야 화 화 전

以爲搖祭、
이 위 요 제

此物與所搖之腔、
차 물 여 소 요 지 강

所擧之腿、
소 거 지 퇴

同爲聖物、
동 위 성 물

歸於祭司、
귀 어 제 사

厥後拿細耳
궐 후 나 세 이

人方可飮酒、
인 방 가 음 주

민6:21

拿細耳人
나 세 이 인

許願區別、
허 원 구 별

以禮物奉耶和華、
이 예 물 봉 야 화 화

其例若是、
기 례 약 시

外此如能
외 차 여 능

別有所加、
별 유 소 가

必循區別之例、
필 순 구 별 지 례

依其所許
의 기 소 허

之願而行、○
지 원 이 행

민6:22

耶和華諭摩西曰、
야 화 화 유 마 서 왈

민6:23

告亞倫及其子云、
고 아 륜 급 기 자 운

爾爲以色列
이 위 이 색 열

族祝嘏、
족 축 하

必曰、
필 왈

민6:24

願耶和華福祚爾、
원 야 화 화 복 조 이

護持爾、
호 지 이

민 6:25

願耶和華使
원 야 화 화 사

其容光照爾、
기 용 광 조 이

施恩於爾、
시 은 어 이

민 6:26

願耶和華
원 야 화 화

歡顏顧爾、
환 안 고 이

錫爾平康、
석 이 평 강

민 6:27

如是以我名
여 시 이 아 명

加以色列族、
가 이 색 열 족

我必錫嘏焉、
아 필 석 하 언

民數記 第七章
민수기 제칠장

민 7:1

建幕旣畢、
건막기필

摩西膏之、
마서고지

及其諸器、
급기제기

區別爲聖、
구별위성

亦膏祭壇、
역고제단

及其諸器、
급기제기

區別爲聖、
구별위성

민 7:2

當日以色列族長、
당일이색열족장

卽諸支派中見核
즉제지파중견핵

之人之牧伯、
지인지목백

奉獻禮物、
봉헌예물

민 7:3
擕至耶和華前、
휴지야화화전
卽蒙幭之車六、
즉몽멸지차육
牛十有二、
우십유이
每二牧伯獻一車、
매이목백헌일차
每一牧伯獻一牛、
매일목백헌일우
奉於幕前、
봉어막전

민 7:4
耶和華諭摩西曰、
야화화유마서왈

민 7:5
爾其收之、
이기수지
以供會幕之用、
이공회막지용
給予利未人、
급여리미인

各循其役事、
각 순 기 역 사

민 7:6

摩西遂以車與牛、
마 서 수 이 차 여 우

予利未人、
여 리 미 인

민 7:7

兩車四牛、
량 차 사 우

予革順子孫、
여 혁 순 자 손

循其役事、
순 기 역 사

민 7:8

四車八牛、
사 차 팔 우

予米拉利子孫、
여 미 랍 리 자 손

循其役事、
순 기 역 사

祭司亞倫子以他瑪統
제 사 아 룬 자 이 타 마 통

理之、
리 지

민7:9

惟哥轄子孫弗予、
유 가 할 자 손 불 여

因其供聖
인 기 공 성

所之役事、
소 지 역 사

以肩負荷也、
이 견 부 하 야

민7:10

膏壇時、
고 단 시

牧伯獻禮物
목 백 헌 예 물

於壇前、
어 단 전

以區別之、
이 구 별 지

민7:11

耶和華諭摩西曰、
야 화 화 유 마 서 왈

牧伯各循其日、
목 백 각 순 기 일

獻禮物以區別
헌 예 물 이 구 별

其壇、○
기 단

민 7:12

首日獻禮物者、
수 일 헌 예 물 자

猶大支派、
유 대 지 파

亞米拿達子拿順、
아 미 나 달 자 나 순

민 7:13

所獻者、
소 헌 자

銀盤一、
은 반 일

重一百三十
중 일 백 삼 십

舍客勒、
사 객 륵

銀盂一、
은 우 일

重七十舍客勒、
중 칠 십 사 객 륵

循聖所權衡、
순 성 소 권 형

俱盈以和
구 영 이 화

油之細麪、
유 지 세 면

爲素祭、
위 소 제

민 7:14

金甌一、
금 구 일

重十舍客勒、
중 십 사 객 륵

盈以香、
영 이 향

민 7:15

牡犢一、
모 독 일

牡綿羊一、
모 면 양 일

一歲之牡羔一、
일 세 지 모 고 일

爲燔祭、
위 번 제

민 7:16

牡山羊一、
모 산 양 일

爲贖罪祭、
위 속 죄 제

민 7:17

牛二、
우 이

牡綿羊五、
모 면 양 오

牡山羊五、
모 산 양 오

一歲之牡羔五、
일 세 지 모 고 오

爲酬恩祭、
위 수 은 제

皆亞米拿達
개 아 미 나 달

子拿順所獻、○
자 나 순 소 헌

민 7:18

二日、
이 일

以薩迦牧伯、
이 살 가 목 백

蘇押子拿坦業
소 압 자 나 탄 업

獻禮物、
헌예물

민7:19

銀盤一、
은반일

重一百三
중일백삼

十舍客勒、
십사객륵

銀盂一、
은우일

重七十舍客勒、
중칠십사객륵

循聖所權衡、
순성소권형

俱盈以和油
구영이화유

之細麪、
지세면

爲素祭、
위소제

민7:20

金甌一、
금구일

重十舍客勒、
중 십 사 객 륵

盈以香、
영 이 향

민 7:21

牡犢一、
모 독 일

牡綿羊一、
모 면 양 일

一歲之牡羔一、
일 세 지 모 고 일

爲燔祭、
위 번 제

민 7:22

牡山羊一、
모 산 양 일

爲贖罪祭、
위 속 죄 제

민 7:23

牛二、
우 이

牡綿羊五、
모 면 양 오

牡山羊五、
모 산 양 오

一歲之牡羔五、
일 세 지 모 고 오
爲酬恩祭、
위 수 은 제
皆蘇押子拿坦
개 소 압 자 나 탄
業所獻、○
업 소 헌

민7:24

三日、
삼 일
西布倫牧伯、
서 포 륜 목 백
希倫子以利押
희 륜 자 이 리 압
獻禮物、
헌 예 물

민7:25

銀盤一、
은 반 일
重一百三十
중 일 백 삼 십
舍客勒、
사 객 륵

銀盂一、
은우일

重七十舍客勒、
중칠십사객륵

循聖所權衡、
순성소권형

俱盈以和
구영이화

油之細麪、
유지세면

爲素祭、
위소제

민 7:26

金甌一、
금구일

重十舍客勒、
중십사객륵

盈以香、
영이향

민 7:27

牡犢一、
모독일

牡綿羊一、
모면양일

一歲之牡羔一、
일 세 지 모 고 일

爲燔祭、
위 번 제

민 7:28

牡山羊一、
모 산 양 일

爲贖罪祭、
위 속 죄 제

민 7:29

牛二、
우 이

牡綿羊五、
모 면 양 오

牡山羊五、
모 산 양 오

一歲之牡羔五、
일 세 지 모 고 오

爲酬恩祭、
위 수 은 제

皆希倫子以利押
개 희 륜 자 이 리 압

所獻、○
소 헌

민 7:30

四日、
사 일

流便牧伯、
류 편 목 백

示丟珥子以利蓿
시 이 자 이 리 숙

獻禮物、
헌 예 물

민 7:31

銀盤一、
은 반 일

重一百三十舍
중 일 백 삼 십 사

客勒、
객 륵

銀盂一、
은 우 일

重七十舍客勒、
중 칠 십 사 객 륵

循聖所權衡、
순 성 소 권 형

俱盈以和油
구 영 이 화 유

之細麪、
지 세 면

爲素祭、
위 소 제

민 7:32

金甌一、
금 구 일

重十舍客勒、
중 십 사 객 륵

盈以香、
영 이 향

민 7:33

牡犢一、
모 독 일

牡綿羊一、
모 면 양 일

一歲之牡羔一、
일 세 지 모 고 일

爲燔祭、
위 번 제

민 7:34

牡山羊一、
모 산 양 일

爲贖罪祭、
위 속 죄 제

민 7:35

牛二、
우 이

牡綿羊五、
모 면 양 오

牡山羊五、
모 산 양 오

一歲之牡羔五、
일 세 지 모 고 오

爲酬恩祭、
위 수 은 제

皆示丟珥子以利
개 시 이 자 이 리

蓿所獻、○
숙 소 헌

민7:36

五日、
오 일

西緬牧伯、
서 면 목 백

蘇利沙代子
소 리 사 대 자

示路蔑獻禮物、
시 로 멸 헌 예 물

민7:37

銀盤一、
은 반 일

重一百三十舍
중 일 백 삼 십 사

客勒、
객 륵

銀盂一、
은 우 일

重七十舍客勒、
중 칠 십 사 객 륵

循聖所權衡、
순 성 소 권 형

俱盈以和油
구 영 이 화 유

之細麪、
지 세 면

爲素祭、
위 소 제

민 7:38

金甌一、
금 구 일

重十舍客勒、
중 십 사 객 륵

盈以香、
영 이 향

민7:39

牡犢一、
모 독 일

牡綿羊一、
모 면 양 일

一歲之牡羔一、
일 세 지 모 고 일

爲燔祭、
위 번 제

민7:40

牡山羊一、
모 산 양 일

爲贖罪祭、
위 속 죄 제

민7:41

牛二、
우 이

牡綿羊五、
모 면 양 오

牡山羊五、
모 산 양 오

一歲之牡羔五、
일 세 지 모 고 오

爲酬恩祭、
위 수 은 제

皆蘇利沙代子
개소리사대자
示路蔑所獻、○
시로멸소헌

민7:42

六日、
육일
迦得牧伯、
가득목백
丟珥子以利雅薩
이자이리아살
獻禮物、
헌예물

민7:43

銀盤一、
은반일
重一百三十舍
중일백삼십사
客勒、
객륵
銀盂一、
은우일
重七十舍客勒、
중칠십사객륵

循聖所權衡、
순 성 소 권 형

俱盈以和油
구 영 이 화 유

之細麪、
지 세 면

爲素祭、
위 소 제

민7:44

金甌一、
금 구 일

重十舍客勒、
중 십 사 객 륵

盈以香、
영 이 향

민7:45

牡犢一、
모 독 일

牡綿羊一、
모 면 양 일

一歲之牡羔一、
일 세 지 모 고 일

爲燔祭、
위 번 제

민7:46

牡山羊一、
모 산 양 일

爲贖罪祭、
위 속 죄 제

민 7:47

牛二、
우 이

牡綿羊五、
모 면 양 오

牡山羊五、
모 산 양 오

一歲之牡羔五、
일 세 지 모 고 오

爲酬恩祭、
위 수 은 제

皆丟珥子以利雅
개 이 자 이 리 아

薩所獻、 ○
살 소 헌

민 7:48

七日、
칠 일

以法蓮牧伯、
이 법 련 목 백

亞米忽子以利沙
아 미 훌 자 이 리 사
瑪獻禮物、
마 헌 예 물

민 7:49

銀盤一、
은 반 일
重一百三十舍
중 일 백 삼 십 사
客勒、
객 륵
銀盂一、
은 우 일
重七十舍客勒、
중 칠 십 사 객 륵
循聖所權衡、
순 성 소 권 형
俱盈以和油
구 영 이 화 유
之細麪、
지 세 면
爲素祭、
위 소 제

민 7:50

金甌一、
금 구 일

重十舍客勒、
중 십 사 객 륵

盈以香、
영 이 향

민 7:51

牡犢一、
모 독 일

牡綿羊一、
모 면 양 일

一歲之牡羔一、
일 세 지 모 고 일

爲燔祭、
위 번 제

민 7:52

牡山羊一、
모 산 양 일

爲贖罪祭、
위 속 죄 제

민 7:53

牛二、
우 이

牡綿羊五、
모 면 양 오

牡山羊五、
모산양오

一歲之牡羔五、
일세지모고오

爲酬恩祭、
위수은제

皆亞米忽子
개아미홀자

以利沙瑪所獻、 ○
이리사마소헌

민 7:54

八日、
팔일

瑪拿西牧伯、
마나서목백

比大蓿子迦瑪列
비대숙자가마열

獻禮物、
헌예물

민 7:55

銀盤一、
은반일

重一百三十舍
중일백삼십사

客勒、
객 륵

銀盂一、
은 우 일

重七十舍客勒、
중 칠 십 사 객 륵

循聖所權衡、
순 성 소 권 형

俱盈以和
구 영 이 화

油之細麪、
유 지 세 면

爲素祭、
위 소 제

민 7:56

金甌一、
금 구 일

重十舍客勒、
중 십 사 객 륵

盈以香、
영 이 향

민 7:57

牡犢一、
모 독 일

牡綿羊一、
모 면 양 일

一歲之牡羔一、
일 세 지 모 고 일

爲燔祭、
위 번 제

민 7:58

牡山羊一、
모 산 양 일

爲贖罪祭、
위 속 죄 제

민 7:59

牛二、
우 이

牡綿羊五、
모 면 양 오

牡山羊五、
모 산 양 오

一歲之牡羔五、
일 세 지 모 고 오

爲酬恩祭、
위 수 은 제

皆比大宿子
개 비 대 숙 자

迦瑪列所獻、○
가마열소헌

민7:60

九日、
구일

便雅憫牧伯、
편아민목백

基多尼子亞比但
기다니자아비단

獻禮物、
헌예물

민7:61

銀盤一、
은반일

重一百三十
중일백삼십

舍客勒、
사객륵

銀盂一、
은우일

重七十舍客勒、
중칠십사객륵

循聖所權衡、
순성소권형

俱盈以和油
구 영 이 화 유

之細麪、
지 세 면

爲素祭、
위 소 제

민 7:62

金甌一、
금 구 일

重十舍客勒、
중 십 사 객 륵

盈以香、
영 이 향

민 7:63

牡犢一、
모 독 일

牡綿羊一、
모 면 양 일

一歲之牡羔一、
일 세 지 모 고 일

爲燔祭、
위 번 제

민 7:64

牡山羊一、
모 산 양 일

爲贖罪祭、
위 속 죄 제

민 7:65
牛二、
우 이
牡綿羊五、
모 면 양 오
牡山羊五、
모 산 양 오
一歲之牡羔五、
일 세 지 모 고 오
爲酬恩祭、
위 수 은 제
皆基多尼子
개 기 다 니 자
亞比但所獻、○
아 비 단 소 헌

민 7:66
十日、
십 일
但之牧伯、
단 지 목 백
亞米沙代子亞希
아 미 사 대 자 아 희

以謝獻禮物、
이 사 헌 예 물

민 7:67

銀盤一、
은 반 일

重一百三
중 일 백 삼

十舍客勒、
십 사 객 륵

銀盂一、
은 우 일

重七十舍客勒、
중 칠 십 사 객 륵

循聖所權衡、
순 성 소 권 형

俱盈以和
구 영 이 화

油之細麪、
유 지 세 면

爲素祭、
위 소 제

민 7:68

金甌一、
금 구 일

重十舍客勒、
중 십 사 객 륵

盈以香、
영 이 향

민 7:68

牡犢一、
모 독 일

牡綿羊一、
모 면 양 일

一歲之牡羔一、
일 세 지 모 고 일

爲燔祭、
위 번 제

민 7:70

牡山羊一、
모 산 양 일

爲贖罪祭、
위 속 죄 제

민 7:71

牛二、
우 이

牡綿羊五、
모 면 양 오

牡山羊五、
모 산 양 오

一歲之牡羔五、
일 세 지 모 고 오

爲酬恩祭、
위 수 은 제

皆亞米沙代子
개 아 미 사 대 자

亞希以謝所獻、○
아 히 이 사 소 헌

민 7:72

十一日、
십 일 일

亞設牧伯、
아 설 목 백

俄蘭子帕
아 란 자 파

結獻禮物、
결 헌 예 물

민 7:73

銀盤一、
은 반 일

重一百三
중 일 백 삼

十舍客勒、
십 사 객 륵

銀盂一、
은우일

重七十舍客勒、
중칠십사객륵

循聖所權衡、
순성소권형

俱盈以和
구영이화

油之細麪、
유지세면

爲素祭、
위소제

민7:74
金甌一、
금구일

重十舍客勒、
중십사객륵

盈以香、
영이향

민7:75
牡犢一、
모독일

牡綿羊一、
모면양일

一歲之牡羔一、
일 세 지 모 고 일

爲燔祭、
위 번 제

민7:76

牡山羊一、
모 산 양 일

爲贖罪祭、
위 속 죄 제

민7:77

牛二、
우 이

牡綿羊五、
모 면 양 오

牡山羊五、
모 산 양 오

一歲之牡羔五、
일 세 지 모 고 오

爲酬恩祭、
위 수 은 제

皆俄蘭子
개 아 란 자

帕結所獻、○
파 결 소 헌

민7:78

十二日、
십이일

拿弗他利牧伯、
나불타리목백

以南子亞希拉
이남자아희랍

獻禮物、
헌예물

민7:79

銀盤一、
은반일

重一百三
중일백삼

十舍客勒、
십사객륵

銀盂一、
은우일

重七十舍客勒、
중칠십사객륵

循聖所權衡、
순성소권형

俱盈以和
구영이화

油之細麪、
유지세면

爲素祭、
위 소 제

민7:80

金甌一、
금 구 일

重十舍客勒、
중 십 사 객 륵

盈以香、
영 이 향

민7:81

牡犢一、
모 독 일

牡綿羊一、
모 면 양 일

一歲之牡羔一、
일 세 지 모 고 일

爲燔祭、
위 번 제

민7:82

牡山羊一、
모 산 양 일

爲贖罪祭、
위 속 죄 제

민7:83

牛二、
우이

牡綿羊五、
모면양오

牡山羊五、
모산양오

一歲之牡羔五、
일세지모고오

爲酬恩祭、
위수은제

皆以南子亞希拉
개이남자아희랍

所獻、○
소헌

민7:84

膏壇時、
고단시

以色列牧伯所獻、
이색열목백소헌

銀盤十二、
은반십이

銀盂十二、
은우십이

金甌十二、
금구십이

민7:85

盤 各 重 一 百
반 각 중 일 백

三 十 舍 客 勒、
삼 십 사 객 륵

盂 各 重 七
우 각 중 칠

十 舍 客 勒、
십 사 객 륵

諸 器 皿 之 銀、
제 기 명 지 은

共 計 二 千 四
공 계 이 천 사

百 舍 客 勒、
백 사 객 륵

循 聖 所 權 衡、
순 성 소 권 형

민7:86

金 甌 十 二、
금 구 십 이

盈 以 香、
영 이 향

甌 各 重 十 舍 客 勒、
구 각 중 십 사 객 륵

共 計 一 百 二
공 계 일 백 이

十舍客勒、
십 사 객 륵

循聖所權衡、
순 성 소 권 형

민7:87

牡犢十有二、
모 독 십 유 이

牡綿羊十有二、
모 면 양 십 유 이

一歲之牡
일 세 지 모

羔十有二、
고 십 유 이

以爲燔祭、
이 위 번 제

與其素祭、
여 기 소 제

山羊之羔十有二、
산 양 지 고 십 유 이

爲贖罪祭、
위 속 죄 제

민7:88

牡牛二十四、
모 우 이 십 사

牡綿羊六十、
모 면 양 육 십

牡山羊六十、
모 산 양 육 십

一歲之牡羔六十、
일 세 지 모 고 육 십

爲酬恩祭、
위 수 은 제

皆膏壇後所獻、○
개 고 단 후 소 헌

민 7:89

摩西入會幕、
마 서 입 회 막

與耶和華言、
여 야 화 화 언

則聞二基路伯間、
칙 문 이 기 로 백 간

法匱施恩座上、
법 궤 시 은 좌 상

有聲與之言、
유 성 여 지 언

卽耶和華
즉 야 화 화

與之言也、
여 지 언 야

民數記 第八章
민 수 기 제 팔 장

민 8:1
耶和華諭摩西曰、
야 화 화 유 마 서 왈

민 8:2
告亞倫云、
고 아 륜 운
燃燈之時、
연 등 지 시
宜使七盞明耀
의 사 칠 잔 명 요
於臺前、
어 대 전

민 8:3
亞倫遵耶和華所
아 륜 준 야 화 화 소
諭摩西之命而行、
유 마 서 지 명 이 행
燃燈明耀於臺前、
연 등 명 요 어 대 전

민 8:4
燈臺以金爲之、
등 대 이 금 위 지

自座及花、
자 좌 급 화

悉用鏇法而造、
실 용 선 법 이 조

遵耶和華所示
준 야 화 화 소 시

摩西之式、○
마 서 지 식

민 8:5

耶和華諭摩西曰、
야 화 화 유 마 서 왈

민 8:6

於以色列族中、
어 이 색 열 족 중

取利未人潔之、
취 리 미 인 결 지

민 8:7

潔禮如左、
결 예 여 좌

以贖罪之水灑之、
이 속 죄 지 수 쇄 지

使以薙刀、
사 이 치 도

薙其全體、
치 기 전 체

濯衣潔身、
탁의결신

민 8:8
取牡犢爲燔祭、
취모독위번제

和油之細麪
화유지세면

爲素祭、
위소제

又取牡犢一、
우취모독일

爲贖罪祭、
위속죄제

민 8:9
攜利未人
휴리미인

至會幕前、
지회막전

集以色列會衆、
집이색열회중

민 8:10
旣引利未人
기인리미인

於耶和華前、
어야화화전

使以色列人
사 이 색 열 인
按手其首、
안 수 기 수

민8:11
亞倫奉利未
아 륜 봉 리 미
人於耶和華、
인 어 야 화 화
爲以色列族獻之、
위 이 색 열 족 헌 지
以爲搖祭、
이 위 요 제
供耶和華之役事、
공 야 화 화 지 역 사

민8:12
利未人按手
리 미 인 안 수
於二犢之首、
어 이 독 지 수
爾則獻之、
이 칙 헌 지
一爲贖罪祭、
일 위 속 죄 제

一爲燔祭、
일 위 번 제

奉於耶和華、
봉 어 야 화 화

以贖其罪、
이 속 기 죄

민8:13

使利未人立於
사 리 미 인 립 어

亞倫及其子前、
아 륜 급 기 자 전

奉於耶和華、
봉 어 야 화 화

以爲搖祭、
이 위 요 제

민8:14

如是區別利未人
여 시 구 별 리 미 인

於以色列族、
어 이 색 열 족

使之歸我、
사 지 귀 아

민8:15

厥後利未人
궐 후 리 미 인

必入會幕、
필 입 회 막

供其役事、
공 기 역 사

爾必潔之、
이 필 결 지

奉爲搖祭、
봉 위 요 제

민8:16

蓋利未人
개 리 미 인

悉歸於我、
실 귀 어 아

我取其人、
아 취 기 인

代以色列族
대 이 색 열 족

初胎之男、
초 태 지 남

使爲我有、
사 위 아 유

민8:17

以色列族
이 색 열 족

諸首生者、
제 수 생 자

或人或畜、
혹 인 혹 축

咸爲我有、
함 위 아 유

我戮埃及
아 륙 애 급

首生者時、
수 생 자 시

區別之以歸我、
구 별 지 이 귀 아

민8:18

我取利未人、
아 취 리 미 인

以代以色列
이 대 이 색 열

族初胎之男、
족 초 태 지 남

민8:19

亦取之、
역 취 지

以賜亞倫及其子、
이 사 아 륜 급 기 자

於會幕中、
어회막중

爲以色列族
위이색열족

供其役事、
공기역사

代之贖罪、
대지속죄

免以色列族
면이색열족

近於聖所、
근어성소

而遭災禍、
이조재화

민8:20

摩西亞倫曁
마서아륜기

以色列會衆、
이색열회중

如是待利未人、
여시대리미인

悉遵耶和華命、
실준야화화명

민8:21

利未人去罪爲潔、
리 미 인 거 죄 위 결

洗濯其衣、
세 탁 기 의

亞倫奉於耶和華、
아 륜 봉 어 야 화 화

以爲搖祭、
이 위 요 제

代爲贖罪、
대 위 속 죄

使之成潔、
사 지 성 결

민8:22

厥後利未人
궐 후 리 미 인

入會幕、
입 회 막

於亞倫及其子前、
어 아 륜 급 기 자 전

以供役事、
이 공 역 사

耶和華指利未人、
야 화 화 지 리 미 인

所諭摩西者、
소 유 마 서 자

以色列人悉
이 색 열 인 실

遵行之、○
준 행 지

민8:23

耶和華諭摩西曰、
야 화 화 유 마 서 왈

민8:24

利未人供役事、
리 미 인 공 역 사

有定例焉、
유 정 례 언

自二十五歲以上、
자 이 십 오 세 이 상

可入會幕、
가 입 회 막

以供役事、
이 공 역 사

민8:25

至於五十、
지 어 오 십

乃罷其役、
내 파 기 역

민8:26

偕其兄弟
해기형제
同守會幕、
동수회막
毋再役事、
무재역사
其例若此、
기례약차

民數記 第九章
민수기 제구장

민 9:1
出埃及二年正月、
출애급이년정월
耶和華於西乃野、
야화화어서내야
諭摩西曰、
유마서왈

민 9:2
屆期、
계기
以色列族當守
이색열족당수
逾越節、
유월절

민 9:3

月之十四日薄暮、
월 지 십 사 일 박 모

遵典章律例、
준 전 장 률 례

而守節期、
이 수 절 기

민 9:4

摩西遂告以色列
마 서 수 고 이 색 열

族守逾越節、
족 수 유 월 절

민 9:5

正月十四日薄暮、
정 월 십 사 일 박 모

以色列族在
이 색 열 족 재

西乃野、
서 내 야

守逾越節、
수 유 월 절

循耶和華所諭
순 야 화 화 소 유

摩西之命、○
마 서 지 명

민 9:6

有人緣尸蒙汚、
유 인 연 시 몽 오

不得於是日守
불 득 어 시 일 수

逾越節、
유 월 절

至摩西亞倫前、
지 마 서 아 륜 전

민 9:7

曰、
왈

吾儕緣尸蒙汚、
오 제 연 시 몽 오

屆期奚禁我與
계 기 해 금 아 여

以色列族、
이 색 열 족

同獻禮物於
동 헌 예 물 어

耶和華、
야 화 화

민 9:8

摩西曰、
마 서 왈

姑待此、
고 대 차

我將聽耶和華
아 장 청 야 화 화

何以諭爾、○
하 이 유 이

민 9:9

耶和華諭摩西曰、
야 화 화 유 마 서 왈

민 9:10

告以色列族云、
고 이 색 열 족 운

凡爾曹及後裔、
범 이 조 급 후 예

若緣尸蒙汚、
약 연 시 몽 오

或行遠道、
혹 행 원 도

亦當守逾越節、
역 당 수 유 월 절

以奉事耶和華、
이 봉 사 야 화 화

민 9:11

二月十四日薄暮
이 월 십 사 일 박 모

守之、
수 지

食羔、
식 고

及無酵餅、
급 무 효 병

與苦菜、
여 고 채

민 9:12
勿留其餘於明晨、
물 류 기 여 어 명 신

勿折其骨、
물 절 기 골

悉遵逾越節例而
실 준 유 월 절 례 이

守之、
수 지

민 9:13
如人未蒙不潔、
여 인 미 몽 불 결

未行遠道、
미 행 원 도

而弗守逾越節者、
이 불 수 유 월 절 자

必絕於民中、
필절어민중
因屆期不獻禮物
인계기불헌예물
於耶和華、
어야화화
必負其罪、
필부기죄

민9:14

如外人旅於爾中、
여외인려어이중
欲守逾越節、
욕수유월절
以奉事耶和華、
이봉사야화화
必循典章律例
필순전장률례
而守之、
이수지
賓旅宗族、
빈려종족
俱爲一例、○
구위일례

민9:15

張法幕之日、
장 법 막 지 일

有雲覆之、
유 운 복 지

自夕達旦、
자 석 달 단

幕上明耀如火、
막 상 명 요 여 화

민9:16

恒久如斯、
긍 구 여 사

雲覆厥幕、
운 복 궐 막

夜間其狀若火、
야 간 기 상 약 화

민9:17

雲昇離幕、
운 승 리 막

以色列族啟行、
이 색 열 족 계 행

雲止之所、
운 지 지 소

以色列族建營、
이 색 열 족 건 영

민9:18

以色列族啟
이 색 열 족 계

行建營、
행 건 영

俱循耶和華命、
구 순 야 화 화 명

雲覆幕時、
운 복 막 시

民則處營、
민 칙 처 영

민 9:19

雲止於幕、
운 지 어 막

歷日旣久、
력 일 기 구

則以色列族遵
칙 이 색 열 족 준

耶和華命、
야 화 화 명

而不啟行、
이 불 계 행

민 9:20

云止於幕、
운 지 어 막

爲日無幾、
위 일 무 기

則處營、
칙 처 영

或啟行、
혹 계 행

俱循耶和華命、
구 순 야 화 화 명

민 9:21

有時雲止、
유 시 운 지

自夕達旦、
자 석 달 단

詰朝而昇、
힐 조 이 승

民則啟行、
민 칙 계 행

有時雲止、
유 시 운 지

歷一晝夜而昇、
력 일 주 야 이 승

民則啟行、
민 칙 계 행

민 9:22

雲止於幕、
운 지 어 막

或兩日、
혹 량 일

或一月、
혹 일 월

或一年、
혹 일 년

以色列族則
이 색 열 족 칙

處於營、
처 어 영

而不前往、
이 불 전 왕

以待雲昇、
이 대 운 승

然後啟行、
연 후 계 행

민 9:23

建營啟行、
건 영 계 행

俱循耶和華命、
구 순 야 화 화 명

悉遵耶和華所諭
실 준 야 화 화 소 유

摩西之命而行、
마서지명이행

民數記 第十章
민수기 제십장

민 10:1
耶和華諭摩西曰、
야화화유마서왈

민 10:2
宜用鏇法、
의용선법
製銀角二、
제은각이
用集會衆、
용집회중
使營啟行、
사영계행

민 10:3
吹二角時、
취이각시
會衆宜集、
회중의집
就爾於會幕前、
취이어회막전

민 10:4

吹一角時、
취 일 각 시

以色列軍旅
이 색 열 군 려

之牧伯、
지 목 백

必集就爾、
필 집 취 이

민 10:5

吹角以警、
취 각 이 경

則東營啟行、
칙 동 영 계 행

민 10:6

二次、
이 차

則南營啟行、
칙 남 영 계 행

啟行時、
계 행 시

必吹角以警、
필 취 각 이 경

민 10:7

集會衆時、
집 회 중 시

可吹角、
가 취 각

勿警人、
물 경 인

민 10:8

亞倫子孫爲
아 륜 자 손 위

祭司者、
제 사 자

必吹其角、
필 취 기 각

著爲永例、
저 위 영 례

歷世弗替、
력 세 불 체

민 10:9

有敵犯境、
유 적 범 경

爾往攻之、
이 왕 공 지

必以角聲警人、
필 이 각 성 경 인

則耶和華爾之
칙 야 화 화 이 지

祆上帝、
천 상 제

必垂念爾、
필 수 념 이

拯爾於敵、
증 이 어 적

민 10:10

樂日、
악 일

節期、
절 기

月朔、
월 삭

當因獻燔祭、
당 인 헌 번 제

酬恩祭、
수 은 제

而吹其角、
이 취 기 각

以爲紀念於爾
이 위 기 념 어 이

祆上帝前、
천 상 제 전

我乃耶和華、
아내야화화
爾之祅上帝也、○
이지천상제야

민10:11
二年二月二十日、
이년이월이십일
雲離法幕、
운리법막

민10:12
以色列族啟行、
이색열족계행
去西乃野、
거서내야
雲止於巴蘭野、
운지어파란야

민10:13
民遵耶和華所諭
민준야화화소유
摩西之命而啟行、
마서지명이계행
乃始於此、
내시어차

민10:14

從猶大營之纛者、
종 유 대 영 지 독 자

按其行伍、
안 기 행 오

啟行爲前隊、
계 행 위 전 대

亞米拿達子拿順
아 미 나 달 자 나 순

統領其軍、
통 령 기 군

민 10:15

蘇押子拿坦業統
소 압 자 나 단 업 통

以薩迦軍、
이 살 가 군

민 10:16

希倫子以利押統
희 륜 자 이 리 압 통

西布倫軍、
서 포 륜 군

민 10:17

繼而徹幕、
계 이 철 막

革順米拉利子孫、
혁 순 미 랍 리 자 손

負之啟行、
부 지 계 행

민 10:18

從流便營之纛者、
종 류 편 영 지 독 자

按其行伍啟行、
안 기 행 오 계 행

示丟珥子以利蓿
시 이 자 이 리 숙

統領其軍、
통 령 기 군

민 10:19

蘇利沙代子示路蔑
소 리 사 대 자 시 로 멸

統西緬軍、
통 서 면 군

민 10:20

丟珥子以利雅薩
이 자 이 리 아 살

統迦得軍、
통 가 득 군

민 10:21

哥轄子孫、
가 할 자 손

負聖所什物啟行、
부성소십물계행

先行之人、
선행지인

建幕以待其至、
건막이대기지

민 10:22

從以法蓮營
종이법련영

之纛者、
지독자

按其行伍啟行、
안기행오계행

亞米忽子以利沙瑪
아미홀자이리사마

統領其軍、
통령기군

민 10:23

比大蓿子迦瑪列
비대숙자가마열

統瑪拿西軍、
통마나서군

민 10:24

基多尼子亞比但
기다니자아비단

統便雅憫軍、
통 편 아 민 군

민 10:25
從但營之纛者、
종 단 영 지 독 자
啟行爲後隊、
계 행 위 후 대
亞米沙代子亞希
아 미 사 대 자 아 히
以謝統領其軍、
이 사 통 령 기 군

민 10:26
俄蘭子帕結統
아 란 자 파 결 통
亞設軍、
아 설 군

민 10:27
以南子亞希拉統
이 남 자 아 히 랍 통
拿弗他利軍、
나 불 타 리 군

민 10:28
以色列族按其行
이 색 열 족 안 기 행

伍啟行如是、○
오 계 행 여 시

민 10:29

摩西謂其外戚、
마 서 위 기 외 척

米甸人流珥子
미 전 인 류 이 자

何巴曰、
하 파 왈

我儕今往耶和華
아 제 금 왕 야 화 화

所許賜我之地、
소 허 사 아 지 지

汝且偕行、
여 차 해 행

我善待爾、
아 선 대 이

蓋耶和華論
개 야 화 화 론

以色列族、
이 색 열 족

出以嘉言、
출 이 가 언

민 10:30

何巴曰、
하 파 왈

我不偕往、
아 불 해 왕

將歸故鄕、
장 귀 고 향

返我宗族、
반 아 종 족

민 10:31

摩西曰、
마 서 왈

爾勿棄我、
이 물 기 아

我於曠野建營、
아 어 광 야 건 영

爾知其事、
이 지 기 사

可爲我目、
가 위 아 목

민 10:32

如與我儕偕行、
여 여 아 제 해 행

則耶和華如何
칙 야 화 화 여 하

施恩於我、
시 은 어 아

我亦如是施爾、○
아 역 여 시 시 이

민 10:33

以色列族離
이 색 열 족 리

耶和華之山、
야 화 화 지 산

歷程三日、
력 정 삼 일

此三日、
차 삼 일

耶和華之約
야 화 화 지 약

匱先行、
궤 선 행

以擇安處之所、
이 택 안 처 지 소

민 10:34

民啟行時、
민 계 행 시

耶和華之雲、
야 화 화 지 운

晝覆其上、
주 복 기 상

민10:35

約匱移時、
약 궤 이 시

摩西曰、
마 서 왈

耶和華歟、
야 화 화 여

尙其興起、
상 기 흥 기

願敵潰散、
원 적 궤 산

願憾爾者遁逃、
원 감 이 자 둔 도

민10:36

約匱止時、
약 궤 지 시

則曰、
칙 왈

耶和華歟、
야 화 화 여

尙其返於以色列
상 기 반 어 이 색 열

億兆、
억 조

民數記第十一章
민 수 기 제 십 일 장

민 11:1

民發怨言、
민 발 원 언

耶和華聞其惡
야 화 화 문 기 악

語而怒、
어 이 노

其火燃於民中、
기 화 연 어 민 중

燬營邊隅、
훼 영 변 우

민 11:2

民籲摩西、
민 유 마 서

摩西禱於耶和華、
마 서 도 어 야 화 화

火燄隨熄、
화 염 수 식

민 11:3

其地遂稱曰
기 지 수 칭 왈

他備拉、
타 비 랍

以耶和華之火
이 야 화 화 지 화

燃於民中也、○
연 어 민 중 야

민 11:4

雜處流氓、
잡 처 류 맹

貪欲無厭、
탐 욕 무 염

以色列族亦
이 색 열 족 역

哭泣曰、
곡 읍 왈

誰予我肉食、
수 여 아 육 식

민 11:5

我憶在埃及時、
아 억 재 애 급 시

不費財而食魚、
불 비 재 이 식 어

亦有王瓜、
역 유 왕 과

瓠、
호

韭、
구

蔥、
총

蒜、
산

민 11:6

今我精神消減、
금 아 정 신 소 감

瑪那而外、
마 나 이 외

別無所見、
별 무 소 견

민 11:7

夫瑪那狀如
부 마 나 상 여

芫荽之實、
원 유 지 실

色如珍珠、
색 여 진 주

민 11:8

民衆四出、
민 중 사 출

各相斂取、
각 상 렴 취

或磨以磨、
혹 마 이 마

或搗以臼、
혹 도 이 구

或煑於鼎、
혹 자 어 정

或以作餅、
혹 이 작 병

味若和油之食、
미 약 화 유 지 식

민 11:9

夜間露降於營、
야 간 로 강 어 영

瑪那隨之而下、
마 나 수 지 이 하

민 11:10

摩西聞民室家、
마 서 문 민 실 가

各在帳幕門
각 재 장 막 문

前哭泣、
전 곡 읍

致耶和華震怒、
치 야 화 화 진 노

摩西不悅、
마 서 불 열

민 11:11

告耶和華曰、
고 야 화 화 왈

何虐待爾僕、
하 학 대 이 복

不施恩於我、
불 시 은 어 아

而以治民之
이 이 치 민 지

任加我、
임 가 아

민 11:12

斯民豈我所孕、
사 민 기 아 소 잉

豈我所育、
기 아 소 육

爾乃謂我、
이 내 위 아

汝其抱之於懷、
여 기 포 지 어 회

猶父之懷乳子、
유부지회유자
攜至誓許其
휴지서허기
祖之地、
조지지

민11:13
彼哭於我前云、
피곡어아전운
以肉食我、
이육식아
我何由得肉、
아하유득육
以予有衆乎、
이여유중호

민11:14
治民之任綦重、
치민지임기중
我不能獨負、
아불능독부

민11:15
如蒙爾恩、
여몽이은
與其待我若此、
여기대아약차

毋寧殺我、
무 녕 살 아

免我遭諸困苦、○
면 아 조 제 곤 고

민 11:16

耶和華諭摩西曰、
야 화 화 유 마 서 왈

於以色列之
어 이 색 열 지

耆老中、
기 로 중

簡七十人、
간 칠 십 인

皆爾夙知其爲
개 이 숙 지 기 위

民之長老有司、
민 지 장 로 유 사

擕至會幕前、
휴 지 회 막 전

與爾偕立、
여 이 해 립

민 11:17

我將臨而語爾、
아 장 림 이 어 이

取爾所感之神、
취 이 소 감 지 신

賦之於彼、
부 지 어 피

使其同負治
사 기 동 부 치

民之任、
민 지 임

免爾獨負、
면 이 독 부

민 11:18

爾語民曰、
이 어 민 왈

自潔爲聖、
자 결 위 성

以備明日食肉、
이 비 명 일 식 육

蓋耶和華聞爾
개 야 화 화 문 이

哭聲云、
곡 성 운

誰以肉食我、
수 이 육 식 아

昔在埃及、
석 재 애 급

我儕善矣、
아제선의

故耶和華將賜
고야화화장사

爾以肉、
이이육

爾得食之、
이득식지

민11:19

非止一日、
비지일일

二日、
이일

五日、
오일

十日、
십일

二十日已也、
이십일이야

민11:20

必至一月、
필지일월

致由鼻孔噴
치유비공분

而出之、
이 출 지

爲爾厭惡、
위 이 염 악

蓋爾厭棄寓於
개 이 염 기 우 어

爾中之耶和華、
이 중 지 야 화 화

哭於其前曰、
곡 어 기 전 왈

我何爲出埃及乎、
아 하 위 출 애 급 호

민 11:21

摩西曰、
마 서 왈

我偕居之民、
아 해 거 지 민

步卒六十萬、
보 졸 육 십 만

爾言予之肉食、
이 언 여 지 육 식

至於一月、
지 어 일 월

민 11:22

豈宰羣羊及牛、
기재군양급우
抑集海中鱗族、
억집해중린족
以饜之乎、
이염지호

민11:23
耶和華曰、
야화화왈
耶和華之臂
야화화지비
豈短耶、
기단야
今必見我言
금필견아언
之應否、○
지응부

민11:24
摩西出、
마서출
以耶和華言告民、
이야화화언고민
集民之長老
집민지장로

七十人、
칠 십 인
立於幕之四周、
립 어 막 지 사 주

민11:25
耶和華乘云降臨、
야 화 화 승 운 강 림
與摩西言、
여 마 서 언
以感摩西之神、
이 감 마 서 지 신
賦於長老、
부 어 장 로
旣已賦之、
기 이 부 지
則感神而言、
칙 감 신 이 언
厥後不復如此、
궐 후 불 복 여 차

민11:26
所錄者中有二人、
소 록 자 중 유 이 인
一名伊利達、
일 명 이 리 달

一名米達、
일 명 미 달

仍居於營、
잉 거 어 영

未適會幕、
미 적 회 막

神旣賦之、
신 기 부 지

則在營中感
칙 재 영 중 감

神而言、
신 이 언

민 11:27

有一少者、
유 일 소 자

趨告摩西曰、
추 고 마 서 왈

伊利達米達在
이 리 달 미 달 재

營中、
영 중

感神而言、
감 신 이 언

민 11:28

嫩之子約書亞自
눈 지 자 약 서 아 자

幼爲摩西從者、
유 위 마 서 종 자

曰、
왈

我主摩西歟、
아 주 마 서 여

請禁之、
청 금 지

민 11:29

摩西曰、
마 서 왈

爾緣我故、
이 연 아 고

有所嫉乎、
유 소 질 호

願耶和華以神
원 야 화 화 이 신

賦於民衆、
부 어 민 중

使之感神而言、
사 지 감 신 이 언

민 11:30

摩西及以色列
마서급이색열

長老、
장로

遂返於營、
수반어영

민 11:31

有風自耶和華
유풍자야화화

而發、
이발

使鶉自海而至、
사순자해이지

散於營之四周、
산어영지사주

相去約一日之程、
상거약일일지정

距地二肘、
거지이주

민 11:32

民起捕鶉、
민기포순

永朝永夕、
영조영석

至於明日、
지어명일
獲之少者、
획지소자
尙得十賀梅爾、
상득십하매이
布於營之四周、
포어영지사주

민11:33
肉在牙間、
육재아간
猶未咀嚼、
유미저작
耶和華怒之、
야화화노지
降重災以擊之、
강중재이격지

민11:34
其地遂稱曰基博
기지수칭왈기박
羅哈他瓦、
라합타와
因貪欲之人
인탐욕지인

葬於彼也、
장 어 피 야

민 11:35
民自基博羅
민 자 기 박 라
哈他瓦啟行、
합 타 와 계 행
至哈洗錄居焉、
지 합 세 록 거 언

民數記 第十二章
민 수 기 제 십 이 장

민 12:1
昔摩西娶古實女、
석 마 서 취 고 실 녀
米利暗亞倫非之、
미 리 암 아 륜 비 지

민 12:2
曰、
왈
耶和華豈
야 화 화 기
第語摩西、
제 어 마 서

而不語我儕乎、
이 불 어 아 제 호

斯言耶和華聞之、
사 언 야 화 화 문 지

민 12:3

摩西秉性溫柔、
마 서 병 성 온 유

勝於世之億兆、
승 어 세 지 억 조

민 12:4

耶和華猝諭摩西
야 화 화 졸 유 마 서

亞倫米利暗曰、
아 륜 미 리 암 왈

爾曹出至會幕、
이 조 출 지 회 막

三人乃出、
삼 인 내 출

민 12:5

耶和華乘雲柱
야 화 화 승 운 주

臨於幕門、
림 어 막 문

召亞倫米利暗、
소 아 륜 미 리 암

二人乃前、
이 인 내 전

민 12:6

耶和華曰、
야 화 화 왈

其聽我言、
기 청 아 언

爾中如有先知、
이 중 여 유 선 지

我必藉異象
아 필 자 이 상

而顯見、
이 현 견

或夢中諭之、
혹 몽 중 유 지

민 12:7

惟於我僕摩西、
유 어 아 복 마 서

則不然、
칙 불 연

彼盡忠於我家、
피 진 충 어 아 가

민 12:8

故我與之晤言、
고 아 여 지 오 언

明以相告、
명 이 상 고

不以隱語、
불 이 은 어

彼亦睹耶和華
피 역 도 야 화 화

之容、
지 용

爾曹非之、
이 조 비 지

曷不懼乎、
갈 불 구 호

민 12:9

耶和華怒之而去、
야 화 화 노 지 이 거

민 12:10

雲離會幕、
운 리 회 막

米利暗患癩、
미 리 암 환 라

色皎如雪、
색 교 여 설

亞倫顧之、
아 륜 고 지

見其患癩、
견 기 환 라

민 12:11

乃謂摩西曰、
내 위 마 서 왈

我儕愚昧、
아 제 우 매

干厥咎戾、
간 궐 구 려

請吾主勿加罪、
청 오 주 물 가 죄

민 12:12

勿使彼若已
물 사 피 약 이

死之人、
사 지 인

出母胎體已
출 모 태 체 이

半朽者、
반 후 자

민 12:13

摩西籲耶和華曰、
마 서 유 야 화 화 왈

祆上帝歟、
천 상 제 여

其醫之、
기의지

민12:14

耶和華曰、
야화화왈

若彼父唾於其面、
약피부타어기면

豈不蒙羞七日乎、
기불몽수칠일호

必禁之營外、
필금지영외

歷至七日、
력지칠일

然後可導之入、
연후가도지입

민12:15

遂禁米利暗營外、
수금미리암영외

至於七日、
지어칠일

民不啟行、
민불계행

待其復入、
대기복입

민12:16

厥後離哈洗錄、
궐 후 리 합 세 록

在巴蘭野建營、
재 파 란 야 건 영

民數記 第十三章
민 수 기 제 십 삼 장

민 13:1

耶和華諭摩西曰、
야 화 화 유 마 서 왈

민 13:2

於支派中、
어 지 파 중

各簡牧伯一人、
각 간 목 백 일 인

以窺迦南地、
이 규 가 남 지

卽我所錫以色列
즉 아 소 석 이 색 열

族者、
족 자

민 13:3

摩西遵耶和華命、
마 서 준 야 화 화 명

自巴蘭野遣之、
자 파 란 야 견 지

所遣者、
소견자

悉屬以色列族長、
실속이색열족장

민 13:4

其名如左、
기명여좌

屬流便支派、
속류편지파

撒刻子沙母亞、
살각자사모아

민 13:5

屬西緬支派、
속서면지파

何利子沙法、
하리자사법

민 13:6

屬猶大支派、
속유대지파

耶孚尼子迦勒、
야부니자가륵

민 13:7

屬以薩迦支派、
속이살가지파

約色子以迦、
약 색 자 이 가

민 13:8

屬以法蓮支派、
속 이 법 련 지 파

嫩之子何西阿、
눈 지 자 하 서 이

민 13:9

屬便雅憫支派、
속 편 아 민 지 파

拉孚子帕提、
랍 부 자 파 제

민 13:10

屬西布倫支派、
속 서 포 륜 지 파

梭底子迦疊、
사 저 자 가 첩

민 13:11

約瑟之裔、
약 슬 지 예

屬瑪拿西支派、
속 마 나 서 지 파

穌西子迦底、
소 서 자 가 저

민 13:12

屬但之支派、
속 단 지 지 파

基瑪利子亞米利、
기 마 리 자 아 미 리

민13:13

屬亞設支派、
속 아 설 지 파

米迦勒子西帖、
미 가 륵 자 서 첩

민13:14

屬拿弗他利支派、
속 나 불 타 리 지 파

縛西子拿比、
박 서 자 나 비

민13:15

屬迦得支派、
속 가 득 지 파

瑪基子白利、
마 기 자 구 리

민13:16

摩西所遣
마 서 소 견

以窺地者、
이 규 지 자

卽斯人也、
즉 사 인 야

嫩之子何西阿、
눈 지 자 하 서 아

摩西易其名
마 서 역 기 명

爲約書亞、
위 약 서 아

민 13:17

摩西遣十二人
마 서 견 십 이 인

以窺迦南、
이 규 가 남

曰、
왈

自其南境而往、
자 기 남 경 이 왕

入彼山地、
입 피 산 지

민 13:18

察其土壤、
찰 기 토 양

觀其居民、
관 기 거 민

强弱衆寡、
강 약 중 과

민 13:19

其處之所、
기 처 지 소

或美或惡、
혹 미 혹 악

其居之邑、
기 거 지 읍

或類營壘、
혹 류 영 루

或類城垣、
혹 류 성 원

민 13:20

其土壤、
기 토 양

或瘠或腴、
혹 척 혹 유

有無林木、
유 무 림 목

宜强乃志、
의 강 내 지

彼地之果、
피 지 지 과

可攜而歸、
가 휴 이 귀

其時乃葡萄初
기 시 내 포 도 초

稔之際、
임 지 제

민 13:21

其人遂往窺地、
기 인 수 왕 규 지

自尋野至利合、
자 심 야 지 리 합

及哈馬之道、
급 합 마 지 도

민 13:22

轉而南向、
전 이 남 향

至希伯崙、
지 희 백 륜

此邑之建、
차 읍 지 건

前於埃及之
전 어 애 급 지

瑣安七年、
쇄 안 칠 년

在彼有亞納族
재피유아납족

亞希幔、
아희만

示篩、
시사

撻買、
달매

민 13:23

至以實各穀、
지이실각곡

在彼斫葡萄枝、
재피작포도지

上具葡萄一穗、
상구포도일수

민 13:24

故其地名曰
고기지명왈

以實各穀、
이실각곡

민 13:25

四十日後、
사십일후

窺地而返、
규지이반

민13:26

至巴蘭野
지 파 란 야

之加低斯、
지 가 저 사

見摩西亞倫、
견 마 서 아 륜

及以色列會衆、
급 이 색 열 회 중

告以諸事、
고 이 제 사

以厥土之果示之、
이 궐 토 지 과 시 지

민13:27

謂摩西曰、
위 마 서 왈

爾遣我所往之地、
이 견 아 소 왕 지 지

我已至焉、
아 이 지 언

果流乳蜜、
과 류 유 밀

此其果也、
차 기 과 야

민13:28

雖然、
수 연

居民强悍、
거 민 강 한

其邑廣大、
기 읍 광 대

俱有城垣、
구 유 성 원

我見亞衲族於彼、
아 견 아 납 족 어 피

민 13:29

亞瑪力族居南方、
아 마 력 족 거 남 방

赫人、
혁 인

耶布斯人、
야 포 사 인

亞摩利人居山地、
아 마 리 인 거 산 지

迦南人濵海與
가 남 인 빈 해 여

約但河居焉、
약 단 하 거 언

민 13:30

迦勒於摩西前、
가 륵 어 마 서 전

慰安民曰、
위 안 민 왈

我儕能克其地、
아 제 능 극 기 지

其往取之、
기 왕 취 지

민 13:31

偕行者曰、
해 행 자 왈

彼强於我、
피 강 어 아

不可往攻、
불 가 왕 공

민 13:32

遂燬所窺之地、
수 훼 소 규 지 지

謂以色列族曰、
위 이 색 열 족 왈

我所窺之地、
아 소 규 지 지

呑噬居民、
탄 서 거 민

我所見之人、
아 소 견 지 인

軀幹修偉、
구 간 수 위

민 13:33

在彼見偉人
재 피 견 위 인

亞衲族、
아 납 족

我自較之、
아 자 교 지

形猶蟿蟲、
형 유 계 충

彼之視我亦若是、
피 지 시 아 역 약 시

終

板權誌

❀ 聖 經 筆 寫 (第二券 ㊤)

❀ 초판 1 쇄 2017년 08 월 21 일

❀ 聖經筆寫協會 : 編纂委員

❀ 著 : 柳 賢 授

❀ 펴낸이 : 도서출판 保 惠

❀ 출판 등록 제2014-000001 호 (2014.01.03.)

❀ 주소 : 천안시 서북구 하리1길 39

❀ 전화 : 010-2239-0675

❀ ISBN : 979-11-87802-19-8

셋트 ISBN: 979-11-87802-06-8 (전2권)